Service Design

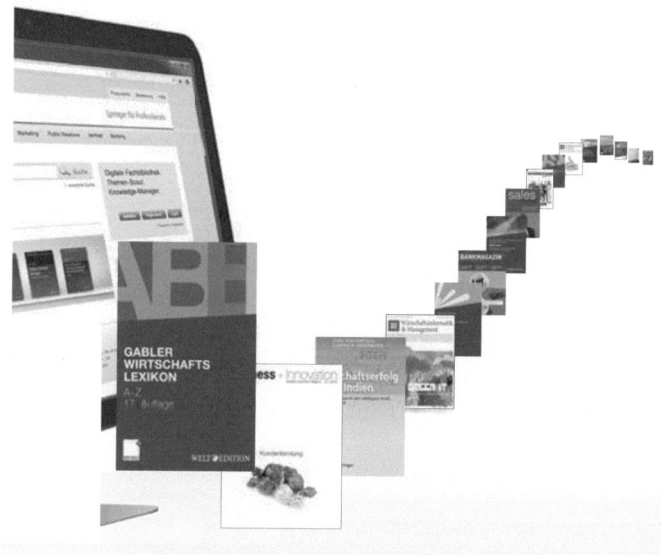

Jörg Becker • Björn Niehaves
Jens Pöppelbuß • Kevin Ortbach
Ralf Plattfaut • Matthias Voigt
Andrea Malsbender

Service Design

Mit der Quadromo-Methode von der Idee zum Konzept

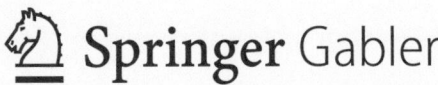

Springer Gabler

Jörg Becker
European Research Center
for Information
Westfälische Wilhelms-Universität
Münster
Münster
Deutschland

Björn Niehaves
Lehrstuhl für Wirtschaftsinformatik
(Fak.III)
Universität Siegen
Siegen
Deutschland

Jens Pöppelbuß
Juniorprofessur für Industrienahe
Dienstleistungen
Universität Bremen
Bremen
Deutschland

Kevin Ortbach
European Research Center for
Information Systems (ERCIS)
Westfälische Wilhelms-Universität
Münster (WWU)
Münster
Deutschland

Ralf Plattfaut
Münster
Deutschland

Matthias Voigt
München
Deutschland

Andrea Malsbender
Hamburg
Deutschland

ISBN 978-3-662-46580-6   ISBN 978-3-662-46581-3 (eBook)
DOI 10.1007/978-3-662-46581-3

Die Deutsche Nationalbibliothek verzeichnet diese Publikation in der Deutschen Nationalbibliografie; detaillierte bibliografische Daten sind im Internet über http://dnb.d-nb.de abrufbar.

Springer Gebler
© Springer-Verlag Berlin Heidelberg 2015

Gedruckt auf säurefreiem und chlorfrei gebleichtem Papier

Springer-Verlag Berlin Heidelberg ist Teil der Fachverlagsgruppe Springer Science+Business Media
(www.springer.com)

Inhaltsverzeichnis

Über die Autoren

Prof. Dr. Dr. h. c. Jörg Becker ist Inhaber des Lehrstuhl für Wirtschaftsinformatik und Informationsmanagement am Institut für Wirtschaftsinformatik der WWU Münster. Er ist Geschäftsführender Direktor des Instituts für Wirtschaftsinformatik der Westfälischen Wilhelms-Universität Münster und des European Research Center for Information Systems (ERCIS) und 2008 Prorektor für strategische Planung und Qualitätssicherung der Westfälischen Wilhelms-Universität Münster. Seine Forschungsschwerpunkte sind neben Geschäftsprozessmanagement insbesondere Handelsinformationssysteme sowie Prozess- und Datenmodellierung.

Prof. Dr. Dr. Björn Niehaves Lehrstuhl für Wirtschaftsinformatik, Universität Siegen

Professor Björn Niehaves ist Inhaber des Lehrstuhls für Wirtschaftsinformatik an der Universität Siegen und Visiting Distinguished Professor an der Aalto University, Helsinki, Finnland. Er hatte Gastpositionen in Harvard (USA), an der Waseda University (Japan), London School of Economics (UK), Copenhagen Business School (Dänemark) und dem Royal Institute of Technology (Schweden) inne. Seine Forschungsschwerpunkte liegen in den Bereichen Smart Work und Service Design. Zahlreiche seiner über 200 Veröffentlichungen wurden ausgezeichnet.

Prof. Dr. Jens Pöppelbuß Juniorprofessor für Industrienahe Dienstleistungen, Fachbereich Wirtschaftswissenschaft, Universität Bremen

Jens Pöppelbuß ist seit 2013 Juniorprofessor für Industrienahe Dienstleistungen am Fachbereich 7 (Wirtschaftswissenschaft) der Universität Bremen. Seine Forschungsschwerpunkte sind Geschäftsprozessmanagement und Dienstleistungsinnovation. In Praxisprojekten untersucht er beispielsweise, welche Werkzeuge Unternehmen dabei helfen können, den Spagat zwischen zunehmend individuellen Kundenanforderungen und interner Komplexität zu meistern. In den vergangenen Jahren konnte er zahlreiche Beiträge in angesehenen Zeitschriften platzieren, wie

z. B. International Journal of Innovation Management, Business & Information Systems Engineering und IEEE Transactions on Engineering Management. Im Rahmen der Wirtschaftsinformatik-Forschungscommunity engagiert er sich stark für Themen des Dienstleistungsmanagements, beispielsweise durch die Organisation des Tracks „Service Innovation, Engineering, and Management" auf der angesehenen European Conference on Information Systems (ECIS).

Kevin Ortbach Wissenschaftlicher Mitarbeiter am European Research Center for Information Systems Kevin Ortbach ist seit 2011 wissenschaftlicher Mitarbeiter am European Research Center for Information Systems (ERCIS) und Doktorand am Lehrstuhl für Wirtschaftsinformatik und Informationsmanagement unter der Leitung von Prof. Dr. Dr. h.c. Jörg Becker. Neben dem Schwerpunkt Geschäftsprozessmanagement forscht er auch zu mitarbeitergetriebenen Innovationsprozessen. Parallel zu seiner Tätigkeit am ERCIS war er in den letzten Jahren auch Mitarbeiter an der Hertie School of Governance in Berlin sowie dem nationalen E-Government Kompetenzzentrum. Weiterhin war er Gastforscher an der Queensland University of Technology in Brisbane, Australien sowie Gastredner an der Aalto School of Economics in Helsinki, Finnland. Er hat bereits zahlreiche Beiträge in angesehenen Zeitschriften (z. B. International Journal of Innovation Management, Communications of the Association for Information Systems) sowie auf einschlägigen Konferenzen (z.B. International Conference for Information Systems, European Conference for Information Systems) veröffentlicht.

Dr. Ralf Plattfaut arbeitet für eine internationale Unternehmensberatung. Er hat Wirtschaftsinformatik an der Westfälischen Wilhelms-Universität Münster und Business Process Engineering an der Universität Liechtenstein studiert. Im Jahr 2013 schloss er seine Promotion an der Universität Münster ab. Seine Forschungsinteressen sind prozessorientierte Dienstleistungsinnovation, kollaboratives Prozessmanagement und Informationssysteme in alternden Gesellschaften. Seine Forschungsergebnisse wurden in verschiedenen internationalen Zeitschriften und Tagungsbänden veröffentlicht.

Dr. Matthias Voigt ist strategischer IT Berater und assoziiertes Mitglied des European Research Center for Information Systems (ERCIS). Er promovierte an der Westfälischen Wilhelms-Universität Münster zum Thema IT-Unterstützung kreativer Geschäftsprozesse. Seine Forschungsinteressen liegen in der IT Governance, dem Geschäftsprozessmanagement, der Kreativitätsunterstützung sowie der Dienstleistungsinnovation. In den vergangenen Jahren konnte er zahlreiche Beiträge in angesehenen Zeitschriften platzieren, wie z. B. den Communications of the

Association for Information Systems, Business & Information Systems Engineering und dem International Journal of Innovation Management.

Dr. Andrea Malsbender IT-Beraterin in einem großen deutschen Handelsunter-
nehmen

Andrea Malsbender ist seid 2014 IT-Beraterin in einem großen deutschen Han-
delsunternehmen. Im Juli 2014 hat sie ihre Promotion zum Thema „Utilizing En-
terprise Social Networks for Service Innovation – Theoretical Foundations and
Recommendations for Action" abgeschlossen. Ihre Forschungsschwerpunkte waren Geschäftsprozessmanagement, Geschäftsmodellentwicklung, Dienstleistungsinnovation und Social Media Technologien. Während Ihrer Tätigkeit am European
Research Center for Information Systems hat Sie in den Forschungsprojekten
„Prozessorientiertes Produktivitätsmanagement von Dienstleistungen (KollaPro)"
und „Networked Service Society (NSS)" mitgewirkt. Das vorliegende Buch ist
eines der wesentlichen Ergebnisse des durch das BMBF geförderten Projektes KollaPro. In den vergangenen Jahren konnte Andrea Malsbender zahlreiche Beiträge
in Form von Forschungsergebnissen auf renommierten Konferenzen platzieren
(beispielsweise ICIS, ECIS, HICSS etc.), welche insbesondere die Themenfelder
Social Media Technologien und Service Innovation adressierten.

Service Design mit der Quadromo-Methode

1

Zusammenfassung

Das Service Design bezeichnet einen bewusst durchgeführten Dienstleistungs-innovationsprozess mit dem Ziel, bislang ungenutzte Wertschöpfungspotenziale zu erschließen. Hierbei unterstützt die Quadromo-Methode. Das Kapitel leitet in das Thema mit einer kurzen Darstellung von Dienstleistungen ein, beschreibt dann die Besonderheiten von Dienstleistungen und Dienstleistungsinnovations-prozessen und endet mit einem Ausblick auf die Quadromo-Methode.

1.1 Die Zeit ist reif für Service Design

„Service Design?", haben Sie möglicherweise kurz gedacht, als Sie den Titel dieses Buches sahen. Sie fragen sich vermutlich gerade, ob Services, also Dienstleistungen, überhaupt designt werden können. Bislang verbinden Sie mit dem Wort Design möglicherweise vor allem die Gestaltung von Form und Farbgebung materieller Gegenstände. Wie kann Design von Dienstleistungen dann funktionieren? Und warum sollten Sie sich damit beschäftigen?

Auf die letzte Frage haben Sie wahrscheinlich schon eine Antwort im Hinterkopf. Da Sie sich dieses Buch gegriffen haben, ist Ihr Interesse an Dienstleistungen mutmaßlich schon geweckt. Und Sie sind möglicherweise auch gezielt auf der Suche nach Methoden und Werkzeugen, die Sie dabei unterstützen, selbst neuartige Services zu designen. Dieses Buch stellt Ihnen die Quadromo-Methode vor, die

© Springer-Verlag Berlin Heidelberg 2015
J. Becker et al., *Service Design,* DOI 10.1007/978-3-662-46581-3_1

Sie dabei unterstützt, innovative dienstleistungsbasierte Geschäftsmodelle zu entwickeln.

Dass Sie sich für die Entwicklung innovativer Dienstleistungen interessieren, dürfte heute eigentlich niemanden mehr verwundern. Dienstleistungen sind für unsere Wirtschaft unbestritten von sehr großer Bedeutung. So arbeiten inzwischen ca. drei Viertel der Beschäftigten in Deutschland in Dienstleistungsbereichen[1] und erwirtschaften damit knapp 70 % des Bruttoinlandsprodukts[2]. Das Spektrum von angebotenen Dienstleistungen ist freilich breit. Es umfasst Finanzdienstleistungen, Handel, Immobilienwirtschaft, Logistik, das Gastgewerbe und viele weitere Bereiche. Für den sogenannten Industriestandort Deutschland sind außerdem auch industrienahe und produktbegleitende Dienstleistungen von großer wirtschaftlicher Bedeutung. So gewährleisten Dienstleistungen wie die Instandhaltung und -setzung eine effiziente und störungsfreie Nutzung von Maschinen und Anlagen. An Beispielen wie IBM lässt sich zudem beobachten, dass traditionell produktorientierte Unternehmen sich verstärkt auf das Angebot von Dienstleistungen konzentrieren.[3] Durch die zunehmende informationstechnische Vernetzung industrieller Prozesse sowie die Durchdringung des Privatlebens mit mobilen Endgeräten wie Smartphones und Tablets ergeben sich darüber hinaus immer neue Potenziale für internetbasierte Dienstleistungen.

Um diese Potenziale auszuschöpfen, ist es notwendig, ein systematisches Innovationsmanagement von Dienstleistungen zu betreiben. Der Ursprung von Innovationen wird häufig an der Grenze zwischen Wissenschaft und Kunst gesehen. Und wenn die Produktentwicklung heute oftmals als eine Wissenschaft betrachtet wird, dann scheint die Dienstleistungsinnovation bislang eher eine Kunst zu sein. Dies lässt sich unter anderem daran erkennen, dass Service Design heute weitaus seltener einen Platz in den Studiengängen und Forschungsaktivitäten an Universitäten und Hochschulen findet als die ingenieurmäßige Entwicklung von Produkten. Und auch in vielen Unternehmen gibt es bislang weder klare Verantwortlichkeiten noch definierte Vorgehensweisen für die Innovation von und mit Dienstleistungen. Während viele Unternehmen die Innovation von Produkten in Forschungs- und Entwicklungsabteilungen professionalisiert haben, fehlen in der Regel vergleichbare Abteilungen oder Teams für die Entwicklung innovativer Dienstleistungen. Gerade in bislang produktzentrierten Branchen resultieren neue Dienstleistungen außer-

---

[1] https://www.destatis.de/DE/ZahlenFakten/Wirtschaftsbereiche/Dienstleistungen/InfoDienstleistungen.html.

[2] http://de.statista.com/statistik/daten/studie/36846/umfrage/anteil-der-wirtschaftsbereiche-am-bruttoinlandsprodukt/.

[3] Maglio und Spohrer (2008).

dem nur selten aus eigener, systematischer Forschungs- und Entwicklungsarbeit, sondern fast ausschließlich auf Basis von Kunden, die ihre Wünsche artikulieren und damit die Unternehmen unter Zugzwang bringen. Und auch der häufig bereits existierende Kundenservice ist eher ein ausführendes Organ als ein kreatives Innovationszentrum.[4] Ähnlich wie die Produktentwicklung benötigt die Dienstleistungsinnovation jedoch unbedingt eine angemessene Aufmerksamkeit und einen entsprechenden Stellenwert im Rahmen der strategischen Weiterentwicklung von Geschäftsmodellen. Insbesondere für Gründungsunternehmen bieten innovative Dienstleistungen große Erfolgschancen.

1.2   Die Besonderheiten von Dienstleistungen

Bislang wurden Dienstleistungen häufig darüber definiert, was sie nicht sind. So findet sich beispielsweise selbst im Duden die Bedeutungserklärung, dass es sich hierbei um Leistungen handelt, die nicht unmittelbar der Produktion von Gütern dienen. Aber ist das eine zufriedenstellende Definition? Dienstleistungen sind mehr als das Überbleibsel neben der Güterproduktion und auch mehr als ein „Add-on".[5] In jüngeren wissenschaftlichen Arbeiten wurde herausgestellt, dass eine Dienstleistung die nutzenstiftende Bereitstellung von spezialisierten Kompetenzen ist; sei es für Kunden oder für die eigene Person, die eigene Unternehmung bzw. Organisation.[6] Eine Dienstleistung ist zeitlich-vergänglich und nicht materiell greifbar. Sie ist eine selbstständige und marktfähige Leistung. Der Nachfrager einer Dienstleistung nimmt während der Dienstleistungserbringung gleichzeitig die Rolle eines Ko-Produzenten ein, da er sich selbst oder andere Dinge als externen Faktor einbringt. Dieser externe Faktor ist ein wesentlicher Bestandteil der Dienstleistungserbringung; er wird transformiert oder bearbeitet. Der englischsprachige Begriff Service wird in diesem Buch synonym zum deutschsprachigen Begriff Dienstleistung verwendet und beschränkt sich daher ausdrücklich nicht auf Zusatzleistungen wie einen technischen Kundendienst.

▶   Eine Dienstleistung ist die nutzbringende Bereitstellung von spezialisierten Kompetenzen für einen Nachfrager.

---

[4] Lay et al. (2011).
[5] Baines et al. (2009).
[6] Vargo und Lusch (2004).

Folgende Charakteristiken von Dienstleistungen werden häufig herausgestellt, um sie von physischen Produkten abzugrenzen. Erstens, Dienstleistungen sind *immateriell* und damit *intangibel*. Dienstleistungen lassen sich nicht wie ein Objekt mit dem Auge wahrnehmen oder anfassen. Der Nachfrager sieht vor der Nutzung einer Dienstleistung nicht, was er kauft und empfindet daher in der Regel auch eine höhere Unsicherheit im Vergleich zum Produktkauf. Aus der Immaterialität von Dienstleistungen ergibt sich außerdem, dass sie *nicht lagerfähig* und auch *nicht transportfähig* sind. Jedoch sind nur wenige Dienstleistungen vollständig immateriell wie eine ärztliche Beratung oder der Sprachunterricht. Bei vielen Leistungen handelt es sich um Kombinationen von immateriellen und materiellen Komponenten. So ist beispielsweise die Dienstleistungserbringung eines Hotels ohne ein Gebäude mit Zimmern und Betten nicht möglich.

Zweitens, Dienstleistungen erfordern die *Integration eines externen Faktors*. Die Dienstleistungserbringung kann nur stattfinden, wenn der Nachfrager oder ein ihm gehörendes Objekt beteiligt ist. Bei Hotelübernachtungen, Haarschnitten und Weiterbildungen bringt der Nachfrager sich selbst ein. Bei einer Reparatur von technischen Geräten hingegen werden Objekte eingebracht. Diese bleiben aber trotzdem vor, während und nach der Dienstleistungserbringung Eigentum des Nachfragers. Der Grad der Integration des externen Faktors kann variieren, beginnend von der bloßen Bereitstellung von Informationen durch den Nachfrager bis hin zur starken Einbindung des Nachfragers in Lernprozessen im Rahmen von Schulungsmaßnahmen.

Drittens, Dienstleistungen werden in der Regel *gleichzeitig produziert und konsumiert*. Dies wird in der Wissenschaft auch als *unu-actu-Prinzip* bezeichnet. Als Ursprung für die Gleichzeitigkeit von Produktion und Konsumption kann zum einen die Notwendigkeit der Integration eines externen Faktors und zum anderen die Immaterialität der Dienstleistung gesehen werden. Verdeutlicht werden kann dies z. B. an einem Theaterstück, das gleichzeitig von den Schauspielern aufgeführt, d. h. produziert, und von den Zuschauern angesehen, d. h. konsumiert, wird. Auch können an heißen Sommertagen frei gebliebene Plätze im Theatersaal nicht zu einem späteren Zeitpunkt (beispielsweise im Winter) mit höherer Nachfrage zusätzlich verkauft werden. In diesem Sinne werden Dienstleistungen auch häufig als *vergänglich* angesehen. Das unu-actu-Prinzip gilt aber ebenfalls nicht ohne Einschränkungen. So erfolgt zumindest der Absatz von Dienstleistungen in der Regel schon vor dem Konsum, z. B. durch den Vorverkauf von Theatertickets. In vielen Fällen ist auch eine sofortige Vergänglichkeit der erbrachten Leistung gar nicht erwünscht, z. B. bei wahrgenommenen Schulungen oder medizinischen Behandlungen. Hier ist es in der Regel das Ziel, dass die Wirkung der erbrachten Leistung über einen längeren Zeitraum anhält.

Viertens, Dienstleistungen sind in vielfacher Hinsicht *heterogen*. Der Dienstleistungssektor als Ganzes umfasst viele verschiedene Branchen und Arten von Dienstleistungen. Hierzu zählen Finanzdienstleistungen, Unternehmensberatungen, Instandhaltung und -setzung von vielfältigen Objekten, Bildungsdienstleistungen und viele mehr. Diese Dienstleistungen lassen sich u. a. nach Ihrem Individualisierung- und Interaktionsgrad differenzieren. Der Individualisierungsgrad gibt an, inwieweit die Dienstleistungserbringung kundenspezifisch erfolgt (von kundenindividuell bis standardisiert). Der Interaktionsgrad hingegen gibt an, in welchem Umfang der externe Faktor in die Dienstleistungserbringung eingebunden ist (von unabhängig bis interaktiv). Ein Gütertransport erfolgt beispielsweise weitestgehend unabhängig vom Kunden und ist vom Ablauf her auch standardisiert. Die Beratung von Unternehmen erfolgt hingegen kundenspezifisch und in Interaktion mit dem Kunden (siehe Tab. 1.1). Und auch der Erbringungsprozess selbst sowie das resultierende Ergebnis sind heterogen in dem Sinne, dass sie von Mal zu Mal der Dienstleistungserbringung variieren können. Die Ursache hierfür liegt darin, dass die Mitarbeiter, die Kundenwünsche, die Leistungsbereitschaften und -fähigkeiten von Mitarbeitern und Nachfragern sowie die extern eingebrachten Objekte sich von Fall zu Fall unterscheiden und sich so immer wieder ein neues Gesamtbild ergibt.

Tab. 1.1 Interaktions- und Individualisierungsgrad. (Meffert 1994)

Interaktions-bzw. Individualisierungsgrad	Unabhängig	Interaktiv
Kundenindividuell	Z. B. Versicherungspaket	Z. B. Unternehmensberatung
Standardisiert	Z. B. Gütertransport	Z. B. Gruppensprachkurs

▶   Dienstleistungen sind intangibel, erfordern die Integration eines externen Faktors, werden simultan produziert und konsumiert und zeichnen sich durch eine besondere Heterogenität aus.

1.3 Der Dienstleistungsinnovationsprozess

Dienstleistungen unterscheiden sich also von materiellen Produkten. Was bedeutet dies für die Gestaltung von innovativen dienstleistungsbasierten Geschäftsmodellen, also für das Service Design? Service Design bezeichnet einen Dienstleistungsinnovationsprozess, der von Ihnen bewusst durchgeführt wird, um bislang ungenutzte Wertschöpfungspotenziale zu erschließen. Das Ergebnis des Prozesses ist im Idealfall eine innovative Dienstleistung, die Sie erfolgreich vermarkten

können. Dies erscheint zunächst sehr vergleichbar zur Produktentwicklung und
-vermarktung. Und so bedienten sich auch die ersten Methoden zur Unterstützung
von Dienstleistungsinnovationsprozessen in Unternehmen an etablierten Vorgehensweisen aus der traditionellen Produktdenke. Es wurden Vorgehensmodelle
mit einer klaren linearen Abfolge von Entwicklungsphasen aus der Produktentwicklung auf die Gestaltung von Dienstleistungen übertragen. Die Praxis zeigt
aber, dass Dienstleistungsinnovationsprozesse in vielen Fällen nicht systematisch
und geplant ablaufen. Sie repräsentieren vielfach eher evolutionäre Lernprozes-
se, in denen veränderte Zusammenstellungen von Ressourcen und Aktivitäten
ad-hoc ausprobiert und bei Erfolg beibehalten werden. Auch fehlt im Gegensatz
zur Produktentwicklung häufig eine klare organisatorische Verankerung, wie es
sie in Form einer Forschungs- und Entwicklungsabteilung für die Produktwelt in
der Regel gibt. Wer ist eigentlich bei Ihnen im Unternehmen für Dienstleistungsinnovation verantwortlich?

▶   Service Design bezeichnet einen bewusst durchgeführten Dienstleis-
     tungsinnovationsprozess mit dem Ziel, bislang ungenutzte Wertschöp-
     fungspotenziale zu erschließen.

Das Ergebnis eines Dienstleistungsinnovationsprozesses ist ein neues oder verän-
dertes dienstleistungsbasiertes Geschäftsmodell. Manche Innovationen beschrän-
ken sich auf einzelne Komponenten einer Dienstleistung (wie beispielsweise das
von Ihnen gegebene Nutzenversprechen gegenüber dem Kunden oder die von
Ihnen eingesetzten Ressourcen zur Dienstleistungserbringung), während andere
eine Kombination von mehreren Komponenten zur gleichen Zeit adressieren. Das
Ergebnis eines Dienstleistungsinnovationsprozesses kann sowohl inkrementell
(schrittweise Verbesserung durch Veränderung und Rekombination existierender
Komponenten), als auch radikal (im Sinne grundlegend neuer Dienstleistungskon-
zepte) sein. Ihre Ziele können sowohl Produktivitätssteigerungen (z. B. durch kos-
tenreduzierende Prozessverbesserungen), als auch eine Steigerung des Kundennutzens sein (z. B. durch die Erfüllung bislang nicht abgedeckter Kundenwünsche).
Aus Sicht des Kunden ist Ihr Geschäftsmodell vor allem dann innovativ, wenn
es neue Lösungen oder neue Erfahrungen bietet und dadurch einen verbesserten
Nutzen stiftet. Die Neuartigkeit einer Dienstleistung kann sich darauf beschrän-
ken, dass sie lediglich für Ihr Unternehmen und Ihre Kundenbasis etwas Neues ist,
die Konkurrenz aber schon ähnliche Leistungen anbietet. Möglicherweise ist Ihre
nächste Idee aber auch eine bahnbrechende Innovation für Ihre gesamte Branche.
     Auch wenn die zuvor genannten Punkte darauf schließen lassen, dass es nicht
„den einen" Dienstleistungsinnovationsprozess gibt, so lassen sich dennoch grund-

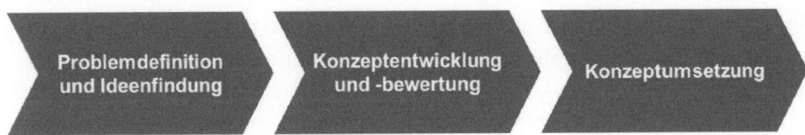

Abb. 1.1 Phasen der Dienstleistungsinnovation

legende Phasen identifizieren (siehe Abb. 1.1). Sie sollten diese Phasen nicht als eine lineare und starre Sequenz verstehen, denn viele dieser Phasen werden in der Praxis wiederholt durchlaufen und auch Vor- und Rücksprünge können je nach Kontext sinnvoll sein.

Die erste Phase umfasst die **Problemdefinition und Ideenfindung**. Ausgangspunkt eines Innovationsprozesses ist in der Regel die Definition einer Frage- bzw. Problemstellung, die durch ein dienstleistungsbasiertes Geschäftsmodell gelöst werden soll. Eine Fragestellung könnte sein: Wie lässt sich flexible und individuelle Mobilität in Großstädten erreichen, die es Kunden ermöglicht, von beliebigen Startpunkten zu beliebigen Endpunkten zu gelangen? Impulse von Kundenseite können einen Innovationsprozess starten und auf diese Weise eine zu lösende Problemstellung in das Unternehmen hineintragen. Möglicherweise haben aber auch Ihrer Mitarbeiter bereits Problemstellungen von Kunden erkannt, auf die Sie bislang keine umfassende Antwort haben. Ausgehend von der Problemstellung ist es in der Regel zunächst notwendig, Hintergrundinformationen zu recherchieren sowie die Perspektiven der eigenen Organisation und die der Kunden auf die Problemstellung zu ermitteln. Aufbauend auf einem klaren Verständnis kann die Sammlung von Ideen erfolgen, beispielsweise ganz offen im Sinne eines Brainstormings. Der gezielte Einsatz von ergänzenden Kreativitätstechniken kann dabei helfen, besonders viele und neuartige Ideen zu erzeugen.

Die zweite Phase ist die **Konzeptentwicklung und -bewertung**. Ideen werden genauer ausgearbeitet, als Modelle oder Prototypen umgesetzt, so gut wie möglich durchgespielt und hinsichtlich verschiedener Kriterien beurteilt. Es folgt schließlich eine Auswahl einer bzw. mehrerer Alternativen für die tatsächliche Umsetzung. Die zentrale Frage in dieser Phase lautet: Lohnt es sich, eine Idee weiterzuverfolgen? In der Produktentwicklung wäre es üblich, in dieser Phase mit Skizzen, 3D-Computermodellen und physischen Prototypen zu arbeiten. Detaillierte Aspekte einer Idee lassen sich hierdurch nach und nach ausarbeiten und in ein konkreteres Konzept überführen. Verschiedene Gestaltungselemente können verändert und beispielsweise hinsichtlich Funktionalität, Nutzbarkeit und Produktionskosten schrittweise verbessert werden. Und nur wenn ein Entwurf diese und andere Kriterien zu einem erwarteten Maß erfüllt, geht ein Produkt tatsächlich auch in

Serie. Die Entscheidung, ob und welche der Ideen es tatsächlich bis zur Umsetzung schafft, müssen Sie auch für mögliche neue dienstleistungsbasierte Geschäftsmodelle herbeiführen. Auch wenn Dienstleistungsinnovationen nicht physisch greifbar sind, benötigen Sie auch hier einen sichtbaren Ankerpunkt für alle am Innovationsprozess beteiligten Personen. Und hiermit sind explizit auch Ihre Mitarbeiter und Kunden gemeint. Bildhafte Darstellungen in der Form von Modellen helfen all diesen Beteiligten dabei, Ideen zu verstehen, sie zu diskutieren und Feedback zu sammeln. Bereits mit einfachen Mitteln wie Haftnotizen können Sie ein Modell kreieren, das es Ihnen ermöglicht, Dienstleistungsprozesse darzustellen, benötigte Ressourcen zuzuordnen, Nutzenaspekte zu sammeln und Erlösmodelle zu skizzieren. Ebenso wie die Entwicklung von detaillierten Plänen und Prototypen in der Produktentwicklung erzeugt aber auch diese Modellierung einen gewissen, wenn auch vergleichsweise geringen Aufwand. Sie sollten der Erstellung von Modellen daher nur so viel Zeit widmen, wie es notwendig ist, um hilfreiches Feedback zu erhalten und Ihre Ideen weiterzuentwickeln. Es gilt, die Stärken und Schwächen einer Idee auszuloten, um sie hinsichtlich ihrer Wünschbarkeit, Machbarkeit und Wirtschaftlichkeit (ggf. im Vergleich zu anderen Ideen) beurteilen zu können. Bei erfolgsversprechenden Ideen sind in der Folge die Stärken auszubauen und die Schwächen zu eliminieren. Ihr Ziel sollte nicht die vollkommene Perfektion des Modells sein, da Sie sich dann möglicherweise in Details verlieren und nicht mehr das gesamte Bild im Blick haben. Die in diesem Buch vorgestellte Quadromo-Methode unterstützt Sie gerade in dieser zweiten Phase, indem sie Ihnen einen Gestaltungsrahmen für die ganzheitliche Modellierung von dienstleistungsbasierten Geschäftsmodellen bereitstellt.

Die dritte Phase umfasst schließlich die **Konzeptumsetzung**. Es sind die organisatorischen, personellen und technischen Voraussetzungen zu schaffen, sodass die neu gestaltete Dienstleistung am Markt erbracht werden kann. Ressourcen sind aufzubauen und neue Dienstleistungsprozesse müssen eingeführt werden. Mit der Umsetzung neuer dienstleistungsbasierter Geschäftsmodelle lösen Sie zwangsläufig Veränderungsprozesse in Ihrem Unternehmen aus. Das entsprechende Change Management ist ein ganz eigenes Thema. Aber auch hier kann ein mit der Quadromo-Methode erstelltes Modell Ihnen zumindest dabei helfen, das Ziel des Veränderungsprozesses zu kommunizieren und mit den Betroffenen zu diskutieren.

Die verschiedenen Dienstleistungsmärkte entwickeln sich dynamisch weiter, heute schneller denn je. Dienstleistungsinnovationsprozesse sollten Sie also nicht als seltene, einmalige Projekte sehen, sondern als eine immer wiederkehrende, wenn nicht sogar dauerhafte Aufgabe.

1.4   Der Einsatzbereich der Quadromo-Methode

Die Quadromo-Methode bietet Ihnen ein Vorgehen für die systematische Entwicklung von dienstleistungsbasierten Geschäftsmodellen. Dies heißt jedoch nicht, dass Sie eine Struktur erhalten, die Ihnen dabei hilft, Dienstleistungen in ihrer Gesamtheit zu gestalten. Mit systematisch ist jedoch nicht gemeint, dass es kein Ausprobieren und Testen mehr geben wird. Im Gegenteil, die Quadromo-Methode bietet Ihnen einen Gestaltungsrahmen, den Sie kreativ nutzen können. Und Ausprobieren im Sinne von mehreren Durchläufen mit veränderten Modellen gehört nun einfach dazu. Die Methode unterstützt Sie in Ihrem Dienstleistungsinnovationsprozess insbesondere in der Phase der Ideenentwicklung und -bewertung, wenn es darum geht, erste Ideen zu tragfähigeren Konzepten auszuarbeiten, diese mit Hilfe von Modellen und Prototypen von allen Perspektiven zu durchleuchten und schrittweise weiterzuentwickeln sowie Ideen für die tatsächliche Umsetzung auszuwählen. Unabhängig davon, ob Sie Ihr bestehendes Geschäftsmodell als Startpunkt sehen und dieses weiterentwickeln oder ob Sie eine radikale Neuentwicklung anstreben, die Quadromo-Methode bietet Ihnen einen passenden Rahmen, mit dem Sie innovative Dienstleistungen ganzheitlich gestalten können.

Der Gestaltungsrahmen für die ganzheitliche Modellierung von dienstleistungsbasierten Geschäftsmodellen umfasst vier wesentliche Komponenten einer Dienstleistung: 1) den *Nutzen* der Dienstleistungserbringung 2) den *Prozess* der Dienstleistungserbringung, 3) die *Ressourcen*, die Ihr Unternehmen für die Dienstleistungserbringung bereithält, sowie die 4) *finanziellen Aspekte* der Dienstleistung.

Das Ergebnis der Inanspruchnahme einer Dienstleistung ist der erzielte *Nutzen* für den Nachfrager. Vor der Inanspruchnahme wird das zu erwartende Ergebnis durch ein Nutzenversprechen bzw. -potenziale beschrieben, das in der Regel darin besteht, dass Sie als Dienstleister zusichern, Lösungen für die Probleme des Nachfragers zu schaffen. Das Ergebnis kann sich letztlich materiell niederschlagen, beispielsweise durch den Einbau eines Ersatzteils in einer Waschmaschine, die diese wieder funktionsfähig macht, oder durch den neuen Anstrich eines Hauses. Das Ergebnis kann aber auch immateriell sein, beispielsweise eine Beratung oder die Betreuungsleistung in der Altenpflege oder beim Babysitting. Gerade die Qualität von immateriellen Ergebnissen lässt sich nur eingeschränkt beurteilen. Neben dem unmittelbaren Prozessergebnis können zudem auch (positive und negative) Folgeergebnisse eintreten, beispielsweise die erfolgreiche Bewerbung um einen höher dotierten Job nach Besuch von verschiedenen Weiterbildungen oder die Insolvenz eines Unternehmens in Folge einer Inanspruchnahme einer (möglicherweise missglückten) strategischen Beratungsdienstleistung.

Der *Prozess* der Dienstleistungserbringung beginnt, sobald ein Nachfrager von Ihnen bereitgestellte Kompetenzen bzw. Ressourcen abruft. Ein Kunde bittet beispielsweise den Versicherungsmakler um ein Angebot für eine Kfz-Haftpflicht-Versicherung. So ein Prozess umfasst verschiedene Aktivitäten, beispielsweise die Erhebung der Daten zum Auto und zur Person, die Erhebung der Kundenwünsche hinsichtlich verschiedener Versicherungsleistungen oder die Kalkulation der Versicherungsprämie. Dienstleistungsprozesse unterscheiden sich von Prozessen in der industriellen Fertigung, die in der Regel lineare Sequenzen von Aktivitäten mit klaren Start- und Zielpunkten definieren. Fertigungsprozesse können zudem vollständig unabhängig vom Nachfrager des Produktes ablaufen. In Dienstleistungsprozessen hingegen müssen die Nachfrager mitwirken. Sie sind zeitgleich Empfänger der Dienstleistung und Bereitsteller von externen Faktoren. In diesem Kontext wird auch von einer Rollenverschiebung vom Konsumenten zum „Prosumenten" gesprochen, also hin zu einer Einheit aus Konsument oder Produzent. Aufgrund dieser besonderen Rolle von Nachfragern in Dienstleistungsprozessen ist die Verteilung von Aktivitäten auf Sie als Anbieter und den Kunden sowie die Gestaltung von Schnittstellen zwischen Ihnen und dem Kunden für das Service Design von besonderer Bedeutung. Sie können beispielsweise durch den Einsatz von Automaten (z. B. zum Geldabheben oder für den Fahrkartenkauf) Aktivitäten gezielt auf den Kunden übertragen. Andererseits kann es auch Ihr Ziel sein, möglichst viele Aktivitäten zu übernehmen, um Kunden eine umfassende Lösung aus einer Hand bieten zu können.

Die *Ressourcen*, die Sie als Dienstleistungsanbieter bereithalten sowie die Bereitschaft, diese auch tatsächlich für den Nachfrager einzusetzen, bilden das sogenannte Dienstleistungspotenzial. Ihre Ressourcen lassen sich auch als interne Faktoren (im Gegensatz zu den Nachfragern und deren Objekte als externe Faktoren) bezeichnen und umfassen Mitarbeiter, Räumlichkeiten, Maschinen und weiteres Equipment. Ihre Mitarbeiter müssen je nach zu erbringender Dienstleistung über geeignete geistige (z. B. Fachwissen), psychische (z. B. Belastbarkeit und Konzentration) und physische Fähigkeiten (z. B. körperliche Fitness) verfügen. Wichtig ist außerdem die Bereitschaft und Motivation Ihres Personals, die gewünschten Dienstleistungen in der vereinbarten Qualität und Zeitspanne zu erbringen. Stellen Sie sich einen Versicherungsmakler in einer geöffneten Geschäftsstelle vor, der motiviert auf einen Kunden wartet und für die Kundenberatung einen Rechner mit einer Kalkulationssoftware für Versicherungsprämien bereithält. Dies ist das bereitgehaltene Dienstleistungspotenzial. Möglicherweise benötigen Sie aber auch eine erweiterte Sicht auf das Potenzial. Dies ist insbesondere dann der Fall, wenn Sie neben eigenen Ressourcen auch auf die externer Partner angewiesen sind, um Ihre Dienstleistung erbringen zu können (beispielsweise eine Bonitätsprüfung durch Dritte im Rahmen einer Kreditvergabe).

Die *finanziellen Aspekte* von Dienstleistungen umfassen vor allem die Preispolitik und in diesem Sinne die Festlegung eines Erlösmodells. Veränderungen an dieser Komponente lassen sich beispielsweise darin feststellen, dass Software nicht mehr verkauft sondern als software-as-a-service nutzungsabhängig in Rechnung gestellt wird, oder dass Telekommunikationsunternehmen zunehmend Flatrates für die Nutzung von Telefonie und Internet anbieten. Für Sie als Anbieter ist diese Komponente eines dienstleistungsbasierten Geschäftsmodells besonders wichtig. Viele innovative Ideen scheitern an einer mangelnden Zahlungsbereitschaft der Kunden. Sind mehrere Partner in die Dienstleistungserbringung involviert, kann die Ausbalancierung von Kosten und Nutzen innerhalb Ihres Netzwerks ebenfalls eine Herausforderung darstellen.

Nun, da Sie die Grundstruktur der Quadromo-Methode kennengelernt haben, reflektieren Sie möglicherweise bereits Ihr existierendes dienstleistungsbasiertes Geschäftsmodell: Wie lässt sich der Kundennutzen erhöhen? Wie können Sie Ihre Ressourcen effektiver und effizienter einsetzen? Wie lässt sich der Prozess der Dienstleistungserbringung für Ihre Mitarbeiter und Kunden verbessern oder erleichtern? Und wie können Sie letztlich auch das Verhältnis von Kosten zu Erlösen optimieren? Fangen Sie doch mit einem kleinen Pilotprojekt an und probieren Sie die Quadromo-Methode direkt aus. Ein erster Schritt könnte sein, dass Sie Ihr (bzw. ein beliebiges anderes) existierendes dienstleistungsbasiertes Geschäftsmodell mit der Quadromo-Methode darstellen und dann Verbesserungspotenziale in den verschiedenen Bereichen ausloten.

Die folgenden Kapitel beschreiben im Detail, wie Sie die Quadromo-Methode zur Entwicklung von dienstleistungsbasierten Geschäftsmodellen nutzen können. Das Kap. 2 stellt Ihnen die genannten vier Perspektiven der Quadromo-Methode ausführlicher vor, bevor das Kap. 3 Ihnen das Vorgehen zur Modellierung dienstleistungsbasierter Geschäftsmodelle erläutert. Das Kap. 4 stellt zur Illustration der Methode vier reale Anwendungsbeispiele vor. Das Kap. 5 fasst Erfolgsfaktoren zusammen, die sich in der praktischen Anwendung der Quadromo-Methode gezeigt haben. In Kap. 6 werden Ihnen ergänzende Hinweise zur Organisation von Workshops gegeben, in denen Sie die Quadromo-Methode verwenden.

Literatur

Baines, T. S., Lightfoot, H. W., Benedettini, O., & Kay, J. M. (2009). The servitization of manufacturing: A review of literature and reflection on future challenges. *Journal of Manufacturing Technology Management, 20*(5), 547–567.
Lay, G., Biege, S., Buschak, D., & Jäger, A. (2011). *Stiefkind Service-Innovation? Informationsquellen, organisatorische Zuständigkeiten und ihre Einflüsse auf den Erfolg mit*

Dienstleistungen (No. 56). Mitteilungen aus der ISI-Erhebung zur Modernisierung der Produktion.

Maglio, P. P., & Spohrer, J. (2008). Fundamentals of service science. *Journal of the Academy of Marketing Science, 36*(1), 18–20.

Meffert, H. (1994). Marktorientierte Führung von Dienstleistungsunternehmen – Neuere Entwicklungen in Theorie und Praxis. *Die Betriebswirtschaft, 54*(4), 519–541.

Vargo, S. L., & Lusch, R. F. (2004). Evolving to a new dominant logic for marketing. *Journal of Marketing, 68*(1), 1–17.

Die vier Perspektiven des Service Design

2

Zusammenfassung

Die Quadromo-Methode vereint vier Perspektiven auf das Service Design: Nutzen, Prozesse, Ressourcen und Finanzen. In diesem Kapitel werden die vier Perspektiven vorgestellt und somit Grundlagen für die Anwendung der Quadromo-Methode gelegt.

2.1 Der Nutzen

Denn nur vom Nutzen wird die Welt regiert. (Friedrich von Schiller)

Bei der Entwicklung neuer Geschäftsmodelle ist der potenzielle Kundennutzen ein zentraler Aspekt. Nur wenn der Kunde einen Nutzen im angebotenen Produkt oder der neu entwickelten Dienstleistung sieht, wird er bereit sein, Geld dafür auszugeben. Leider sind viele Geschäftsmodelle heutzutage nicht nutzengetrieben oder berücksichtigen die Bedürfnisse der Kunden nur sehr oberflächlich. Unternehmen lassen sich immer häufiger von den technischen Möglichkeiten für neue Geschäftsideen leiten. Kundennutzen und unternehmerischer Erfolg bleiben in diesen Fällen häufig aus. Dienstleistungen lassen sich nur dann verkaufen, wenn ein Bedarf dafür besteht oder dieser durch den Unternehmer geweckt werden kann.

Wenn es um Chancen für neue und innovative Dienstleistungen geht, lassen sich daher zwei grundsätzlich verschiedene Perspektiven unterscheiden: die Entde-

© Springer-Verlag Berlin Heidelberg 2015   13
J. Becker et al., *Service Design,* DOI 10.1007/978-3-662-46581-3_2

ckungsperspektive und die Entstehungsperspektive. Der Entdeckungsperspektive liegt die Annahme zu Grunde, dass Chancen objektiv existieren und nur darauf warten, wahrgenommen zu werden. Dabei wird angenommen, dass externe Faktoren wie z. B. neue Technologien oder rechtliche Veränderungen einen Markt aus dem Gleichgewicht bringen und so neue Chancen kreieren. Derartige Chancen werden auch „Kirznersche Gelegenheiten" nach Ihrem Begründer Israel Kirzner genannt. Folgen Sie diesem Ansatz, dann benötigt Ihr Unternehmen insbesondere Fähigkeiten, um diese Gelegenheiten zu erkennen und zu nutzen. Auf der anderen Seite existiert auch der Gedanke, dass eine Organisation ihren unternehmerischen Vorteil am Markt nicht durch das Auffinden und Ausnutzen bestehender, bislang ungenutzter Möglichkeiten generiert, sondern durch die selbstständige Schaffung gänzlich neuer Gelegenheiten. Hierbei handelt es sich um „schumpetersche Gelegenheiten", benannt nach dem Österreicher Joseph Schumpeter als Begründer dieser Perspektive. Ziel von Ihnen im Sinne eines Schumpeter-Unternehmers wäre es dann, das bestehende Gleichgewicht durch Innovationen aufzubrechen und so einen Wettbewerbsvorteil zu erzielen. Mit Hilfe der in diesem Buch vorgestellten Quadromo-Methode können beide Sichten abgebildet werden.

Generell kann zwischen dem Kundennutzen (externer Nutzen) und dem Nutzen für das eigene Unternehmen (interner Nutzen) unterschieden werden. Im Innovationsprozess ist es essenziell, beide Perspektiven zu berücksichtigen. Zum einen müssen Sie sich die Frage stellen, was die neue Dienstleistung dem Kunden bringt. Warum sollte Ihr Kunde für den Service Geld ausgeben? Welche Bedürfnisse des Marktes werden befriedigt? Zum anderen ist es zentral, dass auch der Nutzen für Ihr Unternehmen differenziert betrachtet und analysiert wird. Warum sollten Sie die neue Dienstleistung anbieten? Was bringt Ihnen die Einführung kurz- und langfristig? Dabei sind nicht nur monetäre Aspekte zu berücksichtigen, sondern auch Dinge wie Marktpräsenz und -sichtbarkeit. Es lassen sich demnach Unternehmensnutzen und Kundennutzen differenzieren.

- **Unternehmensnutzen:** Beim Nutzen für Ihr Unternehmen ist es wichtig, sich von den rein finanziellen Aspekten zu lösen. Natürlich verfolgen Sie wie jeder Unternehmer mit der Entwicklung und Einführung neuer Dienstleistungen letztes Endes das Ziel, Ihren Gewinn zu steigern. Es ist jedoch entscheidend, die Wege zu diesem Ziel näher zu spezifizieren. Geht es um die Erschließung eines neuen Marktes? Die Sichtbarkeit einer Marke? Oder wird mit der Dienstleistung lediglich auf das Angebot von Konkurrenten reagiert? Neben diesen marktgetrieben Faktoren können Nutzen für das Unternehmen auch unternehmensinterne Dinge wie die Vermeidung brachliegender Ressourcen oder auch die mögliche interne Nutzung des Service darstellen. In beiden Fällen gilt es auch die „weichen" Faktoren zu identifizieren, welche sich erst langfristig und indirekt auswirken.

- **Kundennutzen:** Erklärtes Ziel von Dienstleistungsinnovationen ist zumeist die Generierung von Wettbewerbsvorteilen gegenüber Konkurrenten am Markt. Der Kundennutzen der Dienstleistung muss also anders oder größer sein als der von konkurrierenden Angeboten. Es gilt also im Wesentlichen zwei Fragen zu beantworten: 1) Welchen neuen Nutzen generieren Sie durch die Einführung eines Service am Markt? und 2) Welche durch ähnliche Dienstleistungen am Markt adressierte Nutzendimensionen adressieren Sie besser als die Konkurrenz? Hierbei kann der Nutzen für Ihre Kunden sehr vielfältig sein. Beispielsweise kann die Dienstleistung dazu beitragen, ein Problem zu lösen, die Arbeit zu erleichtern oder auch einfach nur Spaß zu vermitteln. Eine klare Analyse des möglichen Nutzens ist hier oft nicht einfach zu erreichen. Grundsätzlich kann jedoch zwischen zwei Typen des Kundennutzens differenziert werden.

  - **Grundnutzen:** Unter dem Grundnutzen versteht man den primären Nutzen für den Kunden. Welches Hauptproblem löst der Service beim Kunden? Was ist also der Kerngedanke bzw. die funktionale Eigenschaft hinter der Dienstleistung? Bei einer Bahnfahrt wäre dies beispielsweise der Transport von A nach B, bei einem Fitnessstudio der Zugang zu Trainingsgeräten. Dies entspricht dem sogenannten Grundnutzen der Dienstleistung. Dieser Grundnutzen kann etwas vollkommen Neuartiges sein, d. h., er hat noch keine Entsprechung am Markt, oder er kann bereits durch die Dienstleistungen anderer befriedigt werden. Letzteres macht es erforderlich, dass Sie sich sehr genau überlegen, welchen Mehrnutzen Ihre eigene Dienstleistung hat. Findet sich hier objektiv kein signifikanter Mehrnutzen, wird es für Sie unter Umständen schwierig, etablierten Dienstleistern Marktanteile streitig zu machen.

  - **Zusatznutzen:** Der Kundennutzen besteht jedoch nicht nur aus dem funktionalen Grundnutzen, sondern umfasst auch verschiedene Zusatznutzen. Diese sind meist psychologischer Natur. So ist die Fahrt in der ersten Klasse der Bahn nicht nur funktional „besser" durch den größeren Sitzabstand und zusätzliche Annehmlichkeiten, sondern ist auch mit höherem Prestige verbunden. Ähnlich kann der Besuch eines Fitnessstudios Freude durch persönlichen Erfolg vermitteln. Nutzen ist somit nicht nur rein funktional, sondern auch emotional zu betrachten. Um den Zusatznutzen Ihrer neuen Dienstleistung zu definieren, sollten Sie sich demnach fragen, was deren Konsum dem Kunden in seinem sozialen Umfeld, für seine eigene Persönlichkeit und hinsichtlich möglicher ästhetischer und ethischer Werte zusätzlich bringt.

Alle Faktoren können in der Quadromo-Methode einzelnen, mehreren oder allen Prozessschritten zugeordnet werden. Somit ist es möglich, dass Sie den Überblick über interne und externe Nutzenfaktoren behalten, und diese im Kontext der beitragenden Prozessschritte, Ressourcen und Finanzen zu betrachten. Mehr hierzu erfahren Sie in Kap. 3 dieses Buches.

2.2 Der Prozess

Ein Prozess ist eine Maschinerie, die man als Schwein betritt und als Wurst verlässt. (Ambrose Bierce)

Das Denken in Prozessen hat in den vergangenen Jahren zunehmend Einzug in die Managementetagen großer und mittelständischer Unternehmen erhalten. Vor der Entwicklung der prozessorientierten Denkweise wurde meist zwischen zwei Strukturformen von Unternehmen unterschieden: der Aufbauorganisation, welche Abteilungs- und Stellengliederung umfasst, und der Ablauforganisation, welche die darin ablaufenden Arbeitsschritte fokussiert. Ziel war dabei die separate Optimierung beider Bereiche – eine Trennung, die sich in der Praxis jedoch als teilweise problematisch erwiesen hat. Mit der Entwicklung der Prozessorganisation wurde diese Trennung implizit aufgehoben und ein integrierter Ansatz geschaffen, der Struktur und Abläufe bzw. Prozesse eines Unternehmens vereint. Die Organisation der Firma richtet sich demnach nicht länger nach Funktionen, Produkten oder Regionen, sondern nach den bereichsübergreifenden Prozessen. Dieser „90°-Shift" in der Organisationsstruktur durchbricht das insbesondere in großen Unternehmen problematische abteilungsinterne Silodenken und zielt auf eine kundenorientierte und vollständige Bearbeitung von Geschäftsvorfällen ab. Mittlerweile ist die Prozessorientierung von Unternehmen ein etabliertes Konzept. Viele gängige Managementkonzepte wie z. B. Kaizen, Lean Management, Total Quality Management (TQM) oder Six Sigma basieren auf dem Prozessgedanken.

Ein Geschäftsprozess, im Folgenden nur noch Prozess genannt, ist in diesem Zusammenhang eine Menge von Einzeltätigkeiten, welche logisch verknüpft ausgeführt werden, um ein bestimmtes unternehmerisches Ziel zu erreichen. Er ist funktions- und organisationsübergreifend und setzt die aus der Unternehmensstrategie abgeleiteten Prozessziele um. Dabei werden Prozesse meist anhand ihres Beitrags zur Wertschöpfung differenziert:

- **Kernprozesse** umfassen dabei die wertschöpfenden Abläufe eines Unternehmens und somit die Verknüpfung aller Aktivitäten, die für den Wettbewerbsvorteil eines Unternehmens verantwortlich sind. Kernprozesse haben daher einen hohen Bezug zur Unternehmensstrategie und liegen durchgängig zwischen Input und Output des Unternehmens.

- **Supportprozesse** hingegen sind nicht unmittelbar wertschöpfend, sondern erfüllen unterstützende Aufgaben. Sie sorgen dafür, dass die Kernprozesse reibungslos ablaufen und sind somit häufig auch unbedingt notwendig für das Unternehmen. Anders als Kernprozesse haben Sie jedoch meist firmeninterne Kunden und somit keinen direkten Marktkontakt.

Die Trennung der beiden Prozessarten ist jedoch keinesfalls eindeutig. Zum einen kann ein Kernprozess eines spezifischen Unternehmens einen Supportprozess in einem anderen Unternehmen darstellen, zum anderen können sich Supportprozesse unter bestimmten Umständen in Kernprozesse wandeln, insbesondere im Kontext der Dienstleistungsinnovation. Betrachten wir beispielsweise eine Airline, so existieren verschiedene Supportprozesse von der Wartung der Flugzeuge, bis hin zum Catering. Sind diese Prozesse besonders effizient bei einer bestimmten Airline, kann darüber nachgedacht werden, diese auch für andere Airlines anzubieten. Das Anbieten dieser neuen Dienstleistung am Markt stellt demnach die Wandlung eines bisherigen Supportprozesses in einen Kernprozess dar.

Bei einer Dienstleistungsinnovation ist neben dem Kernprozess der Dienstleistungserbringung und den dafür benötigten Supportprozessen auch der Einführungsprozess einer neuen Dienstleistung zu berücksichtigen. Ihnen entstehen in der Regel Aufwände finanzieller, materieller und personeller Art, um Ihr Unternehmen initial in die Lage zu versetzen, eine neue Dienstleistung erbringen zu können. Dieser Initialisierungsaufwand ist bedeutend, um eine grobe Abschätzung der Amortisationszeit von Investitionen in neue Dienstleistungen durchführen zu können. Ab wann lohnt sich die Einführung einer neuen Dienstleistung am Markt für Ihr Unternehmen? Nach welcher Zeitspanne kann Gewinn erwirtschaftet werden? Wie Sie die verschiedenen Prozessarten sowie die jeweils benötigten Ressourcen während des Service Designs berücksichtigen, zeigen wir Ihnen in Kap. 3 dieses Buches.

2.3 Die Ressourcen

> Wir haben wunderbare, ganz vollkommene Mittel zu eigentlich gleichgültigen Zwecken; und ganz untaugliche zu den hauptsächlichsten Zwecken. (Georg Simmel)

Jeder Prozess in einem Unternehmen benötigt Ressourcen. Ressourcen umfassen sämtliche materiellen und immateriellen Güter, welche in den Unternehmensprozessen eingesetzt werden. Sie sind relevant für die Durchführung dieser Prozesse. Unterschieden wird dabei häufig in physisch greifbare (tangible) und physisch nicht greifbare (intangible) Ressourcen. Zu den tangiblen oder materiellen Ressourcen zählen beispielsweise Grundstücke, Gebäude oder Produktionsanlagen, während Patente und Markennamen sowie Wissen und Fähigkeiten der Mitarbeiter den intangiblen Ressourcen zugerechnet werden. Im Idealfall besitzen Ressourcen einen Wert und sind darüber hinaus selten, nicht-imitierbar und nicht-substituierbar.[1]

- **Wertstiftung.** Um für einen Wettbewerbsvorteil sorgen zu können, müssen Ressourcen wertvoll sein. Sie müssen die Entwicklung und Implementierung einer Strategie unterstützen, welche die Effizienz und Effektivität des Unternehmens steigert und so auch den Kundennutzen erhöht. In einer Firma kann es zwar Elemente geben, die alle anderen Kriterien erfüllen (d. h. selten, schwer imitierbar und nicht-substituierbar sind) – eine Ressource sind sie jedoch erst dann, wenn sie wertstiftend genutzt werden können und dabei helfen, Wettbewerbsvorteile am Markt zu realisieren.
- **Seltenheit.** Wertvolle Ressourcen einer Firma können dann für einen Wettbewerbsvorteil am Markt sorgen, wenn andere Unternehmen diese nicht ebenfalls besitzen. Ressourcen sind per Definition dazu gedacht, eine Firmenstrategie zu unterstützen. Wenn jedoch viele Firmen aufgrund identischer Ressourcen eine ähnliche Strategie verfolgen, kann diese Strategie keinen dauerhaften Vorteil darstellen.
- **Nicht-Imitierbarkeit.** Der mit Hilfe einer spezifischen Ressource gewonnene Konkurrenzvorteil kann nur dann von Dauer sein, wenn die entsprechende Ressource nur schwer oder – im Idealfall – gar nicht imitiert werden kann. Dies ist meist dann der Fall, wenn eine Ressource stark von der historischen Entwicklung der Firma geprägt wurde, die Verbindung der Ressource zum Wettbewerbsvorteil von Außenstehenden nicht gut erkennbar ist oder die Ressource auf einem komplexen Vorgang basiert, welcher nicht gut beeinflusst werden kann.
- **Nicht-Substituierbarkeit.** Um einen nachhaltigen Konkurrenzvorteil zu erreichen, sollte eine Ressource nicht substituierbar sein, d. h. es dürfen keine strategischen Äquivalente existieren, die von Konkurrenten genutzt werden könnten. Die Nicht-Substituierbarkeit ist insbesondere aufgrund des technologischen Fortschritts in permanenter Gefahr. So können Patente auf bestimmte Verfahren im Prozess der Dienstleistungserbringung durch technologische Neuentwicklungen nutzlos werden.

---

[1] Barney (1991).

Erfüllt eine im neuen Dienstleistungsprozess eingesetzte Ressource diese Kriterien, so ist diese ein wichtiges Alleinstellungsmerkmal für die Dienstleistung am Markt. Jede Dienstleistungsinnovation sollte also mindestens eine (im Idealfall mehrere) Ressourcen einsetzen, welche die obigen Kriterien erfüllen. Darüber hinaus werden für eine Dienstleistung meist auch noch nicht-strategische Ressourcen benötigt. Dies sind häufig Dinge, die einfach nur „eingekauft" werden und dann im Erbringungsprozess Anwendung finden. Zum Beispiel benötigt ein Architekturbüro bestimmte Tools und Software, um technische Zeichnungen von Gebäuden zu erstellen. Obwohl diese essenziell für den Dienstleistungsprozess sind, ist es vielmehr das Wissen der Mitarbeiter um die Anwendung dieser Tools sowie um die Ästhetik und Statik, welche den Wettbewerbsvorteil am Markt ausmachen. Die Tools an sich lassen sich schnell und unkompliziert auch von Konkurrenten erwerben. Sie sind demnach keine Kernressourcen für den Prozess. Trotzdem fallen für Ihren Erwerb und/oder Ihre Nutzung Kosten an, welche bei der Planung berücksichtigt werden müssen.

Werden Prozesse im Rahmen des Service Design neu definiert bzw. geändert, ändern sich in vielen Fällen auch die für die Durchführung der Prozesse nötigen Ressourcen. Somit ist es essenziell, die für einen Prozessschritt nötigen Ressourcen zu kennen und diese auch grob mit finanziellen Zahlen „greifbar" machen zu können. Daher müssen im Rahmen des Service Designs sowohl Kernressourcen als auch nicht-strategische Ressourcen erfasst werden. Dabei stellt sich immer auch die Frage nach der idealen Governance-Strategie, also danach, ob Ressourcen intern vorgehalten oder extern eingekauft werden sollen. Ist es sinnvoll, selbst einen Mitarbeiter einstellen, der eine bestimmte Aufgabe erledigt, oder beauftragen Sie einen externen Dienstleister für einen oder mehrere Prozessschritte? Alternativ können anfallenden Aufgaben auch in Kooperation mit dem Kunden durchgeführt werden. Wie Sie die Ressourcen mit der Quadromo-Methode definieren zeigen wir Ihnen in Kap. 3 dieses Buches.

2.4   Das Finanzielle

> Ich wünschte, dass mein lieber Karl mehr Zeit damit verbracht hätte, Kapital anzu-
> häufen statt nur darüber zu schreiben. (Jenny Marx)

Lohnt sich die geplante Dienstleistung? Diese Frage ist wohl die meistgestellte, wenn es um Service Design geht. Das wirtschaftliche Potenzial zählt zu den wichtigsten Entscheidungskriterien, wenn es um die Projektierung und Umsetzung neuer dienstleistungsbasierter Geschäftsmodelle geht. Dabei muss eine Vielzahl an Faktoren berücksichtigt werden.

Auf der Ausgabenseite können verschiedene Kostentypen unterschieden werden, welche im Rahmen der neuen Dienstleistung anfallen.

* **Fixkosten oder zeitabhängige Kosten** sind in einer bestimmten Zeitperiode konstant und unabhängig von der Absatzmenge der Dienstleistung. Egal wie oft der Service am Markt erbracht wird, die zeitabhängigen Kosten ändern sich nicht. Beispiele für Fixkosten sind Kosten für das Marketing für eine neue Dienstleistung oder Kosten für die Räumlichkeiten, in denen diese erbracht wird.
* **Variable Kosten oder mengenabhängige Kosten** fallen pro Erbringung der neuen Dienstleistung an. Hierunter fallen insbesondere Personalkosten für den Erbringungsprozess sowie Kosten für dort eingesetztes Material.

Fixkosten und variable Kosten machen die Gesamtkosten der neuen Dienstleistung aus, wie in Abb. 2.1 zu sehen ist.

Ein Faktor auf der Einnahmeseite ist die Frage nach dem Erlösmodell der entsprechenden Dienstleistung. Konkret heißt dies: Welche Einnahmeströme werden durch den neuen Service am Markt realisiert? Dabei gibt es neben den klassischen „Verkauf" von Dienstleistungen auch innovative Erlösmodelle, welche insbesondere bei internetbasierten Dienstleistungsinnovationen Anwendung finden. Im sogenannten „Freemium"-Modell erhält der Kunde die Dienstleistung in einer einfachen Version, ggf. mit der Einblendung von Werbung, gratis. In diesem Fall werden also ausschließlich Umsätze aus Werbeeinnahmen generiert. Bei der Nutzung erweiterter Funktionen und ohne Einblendung von Werbung, also bei der „Premium"-Version, werden dann Nutzungskosten für die Anwendung erhoben. Anbieter von Diensten, die von einer Vielzahl von Personen genutzt werden, setz-

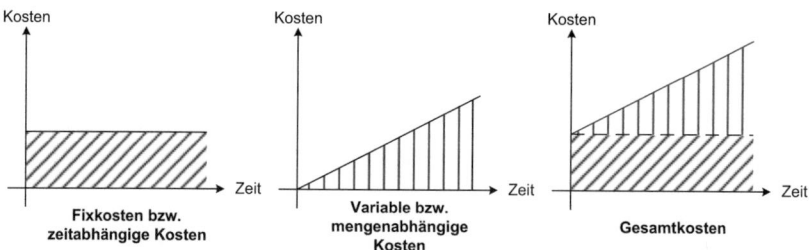

Abb. 2.1 Kostenarten

ten neuerdings auf Mini-Gebühren, also kleine Kundenbeiträge von jedem Nutzer. Bei einem Kundenkreis im sechs- bis siebenstelligen Bereich ermöglicht dieser geringe Einzelbeitrag einen hohen Gesamtumsatz. Ein zusätzlicher Faktor, der für jeden der identifizierten Einnahmeströme relevant ist, ist die Preisstrategie. Was sollte für die neue Dienstleistung am Markt verlangt werden? Diese Ermittlung und Festsetzung eines realistischen Preises ist zentral für die grobe Abschätzung der Rentabilität einer Dienstleistung. Grundsätzlich kann die Preisfindung auf unterschiedlichen Wegen erfolgen.

- **Cost-based Pricing:** Beim Cost-based Pricing berechnet sich der Preis aus den Kosten der Dienstleistung zuzüglich einer Gewinnspanne. Vorteil dieses Modells ist die Möglichkeit der relativ einfachen Berechnung. Die Bereitstellungskosten der neuen Dienstleistung lassen sich meist systematisch aus einer detaillierten Analyse der für die Durchführung notwendigen Prozessschritte ermitteln (Auch hierbei kann die Quadromo-Methode eine Hilfe sein). Potenzielles Risiko beim Cost-based Pricing ist jedoch die rein interne Betrachtung des Preises: Im Modell werden weder marktübliche Kosten des Produktes oder der Dienstleistung noch die potenzielle Zahlungsbereitschaft des Kunden berücksichtigt. Damit besteht ein erhöhtes Risiko, dass der Preis unter oder über der Zahlungsbereitschaft des Kunden liegt.
- **Market-based Pricing:** Das Market-based Pricing orientiert sich an den Preisen, die im Markt für vergleichbare Produkte verlangt werden. Die Analyse von Marktpreisen gehört dabei sicherlich zur den „Grundübungen" bei der Entwicklung von Geschäftsideen, insbesondere um das grundsätzliche Umsatzpotenzial im Vergleich zu den Kosten des Produktes und damit die Profitabilität des Idee abschätzen zu können. Eine derartige Preisfindung ohne eine ergänzende Analyse der Kosten ist aber auch nur bedingt aussagekräftig. Die Kosten sollten also immer im Hinterkopf bleiben. Voraussetzung des Market-based Pricings ist es, dass zu der Dienstleistungsinnovation vergleichbare Services auf dem Markt existieren. Sind diese Daten gegeben, ist eine realistischere Einschätzung des erzielbaren Preises möglich. Die am Markt „realisierten" Preise, die Kunden erwiesenermaßen bereit sind zu zahlen, dienen als Referenz. Nachteil der Methode ist hingegen die (je nach Produkt oder Dienstleistung mehr oder weniger) aufwändige Recherche nach vergleichbaren Angeboten von potenziellen Konkurrenten. Zudem ist dieser Ansatz bei radikalen Innovationen auf Grund der mangelnden Vergleichbarkeit der Dienstleistung nur bedingt aussagefähig.
- **Value-based Pricing:** Das Value-based Pricing basiert auf der erwarteten Kundennutzen eines Produktes oder einer Dienstleistung. Dieser Nutzen kann sich je nach Dienstleistung unterschiedlich komplex darstellen. Wesentliche Herausforderung ist „Umrechnung" des erwarteten Kundennutzens in Geldwerte. Die

Ermittlung eines wertbasierten Preises wird meist durch Kundenbefragungen durchgeführt, in denen der Kunde mögliche Produkt- oder Dienstleistungsattribute gegeneinander abwägen muss (z. B. mittels Conjoint-Analysen). Dies erfolgt häufig in Rankings. Die Bestimmung des Preises kann sich daher durchaus komplexer gestalten als im Cost-based Pricing. Allerdings ermöglicht Sie potenziell eine höhere Wahrscheinlichkeit der Realisierung von Umsätzen sowie potenziell höhere Deckungsbeiträge je Transaktion, da sich der Preis an den Erwartungen und Zahlungsbereitschaften der Kunden orientiert.

Wie Sie die Kosten und Erlöse in Ihrem Quadromo-Modell hinterlegen erfahren Sie in Kap. 3 dieses Buches.

Literatur

Barney, J. (1991). Firm resources and sustained competitive advantage. *Journal of Management, 17*(1), 99–120.

Die Quadromo-Methode

3

Zusammenfassung

Die Quadromo-Methode bietet ein systematisches Vorgehen für das Service Design. Sie folgt einer Philosophie, die eine grundlegende Struktur, eine Arbeitsrichtung, verschiedene Ebenen sowie die Zeilenorientierung und die Prozessorientierung als Leitlinien vorgibt. In diesem Kapitel werden diese Leitlinien dargestellt und am Beispiel einer konkreten Dienstleistung illustriert. Außerdem werden wertvolle Tipps zur Planung und Durchführung eines Quadromo-Workshops beschrieben.

3.1 Die Philosophie

Der Intellekt hat ein scharfes Auge für Methoden und Werkzeuge, aber er ist blind gegen Ziele und Werte. (Albert Einstein)

3.1.1 Struktur

Quadromo ist eine Methode, die Sie schrittweise auf dem Weg zu Ihrem neuen dienstleistungsbasierten Geschäftsmodell begleitet. Die Quadromo-Methode ermöglicht es Ihnen, einen ersten Überblick darüber zu erhalten, ob aus einer „fixen Idee" auch ein tatsächliches Geschäftsmodell werden kann. Das folgende Kapitel dient dazu, Sie in die Quadromo-Methode einzuführen und Ihnen die vielfältigen Möglichkeiten der Methode aufzuzeigen.

© Springer-Verlag Berlin Heidelberg 2015
J. Becker et al., *Service Design,* DOI 10.1007/978-3-662-46581-3_3

Die Quadromo-Methode besteht aus den vier wesentlichen Bereichen, die Sie in Kap. 2 kennengelernt haben. Der erste Bereich dient der Beschreibung des Nutzens des Geschäftsmodells. Als übergeordnete Fragen sollten Sie sich daher immer die Folgenden stellen: Welchen Nutzen liefert das Geschäftsmodell für den Kunden? Welchen Nutzen erwarte ich für mich bzw. das Unternehmen?

Der zweite Bereich der Quadromo-Methode fasst die notwendigen Prozessschritte der neuen Dienstleistung zusammen. In diesem Bereich sind die übergeordneten Fragestellungen: Welche Aktivitäten werden durch das Unternehmen durchgeführt, welche vom Kunden? Wie findet der Informationsaustausch zwischen dem Kunden und dem Unternehmen statt?

Der dritte Bereich fasst alle notwendigen Ressourcen zusammen, die für die Umsetzung des Geschäftsmodells benötigt werden. Unter Ressourcen werden sowohl immaterielle als auch materielle Ressourcen verstanden. Die relevanten Fragestellungen, die zur Erstellung der Ressourcen-Perspektive zu beantworten sind, sind: Welche Ressourcen werden generell zur Durchführung der Dienstleistung benötigt? Werden diese Ressourcen intern vorgehalten oder werden sie fremdbeschafft?

Der vierte Bereich fasst die durch das Geschäftsmodell entstehenden Kosten und Erlöse zusammen. In den meisten Fällen ist auf Basis dieser, wenngleich eher groben Berechnungen, eine erste schnelle Entscheidung über die generelle Wirtschaftlichkeit des Geschäftsmodells erreichbar. Die übergeordneten Fragestellungen lauten wie folgt: Welche Kosten entstehen für das Unternehmen bei der Dienstleistungserbringung? Welche Erlöse sind durch die Erbringung der Dienstleistung zu erwarten?

3.1.2 Arbeitsrichtung

Das grundsätzliche Vorgehen bei der Anwendung der Quadromo-Methode ist entgegen der gewohnten Leserichtung von *rechts nach links*. Das hat den Vorteil, dass die für die Projektierung entscheidende Finanz- und Ressourcensicht später als erstes gelesen wird, denn diese befindet sich ganz links (siehe Abb. 3.1). Folglich beginnen Sie bei der Entwicklung eines neuen dienstleistungsbasierten Geschäftsmodells zunächst mit der Beschreibung des zu erwartenden Nutzens auf der rechten Seite des Gestaltungsrahmens. Als nächstes bilden Sie den Dienstleistungserbringungsprozess ab, indem Sie die einzelnen notwendigen Schritte der Interaktion des Kunden mit dem Unternehmen darstellen. Für die einzelnen Prozessschritte werden jeweils verschiedene Ressourcen benötigt, denen zusätzlich die Kosten und Erlöse zugeordnet werden. Die zeitabhängigen Prozesse, welche für die Durchführung

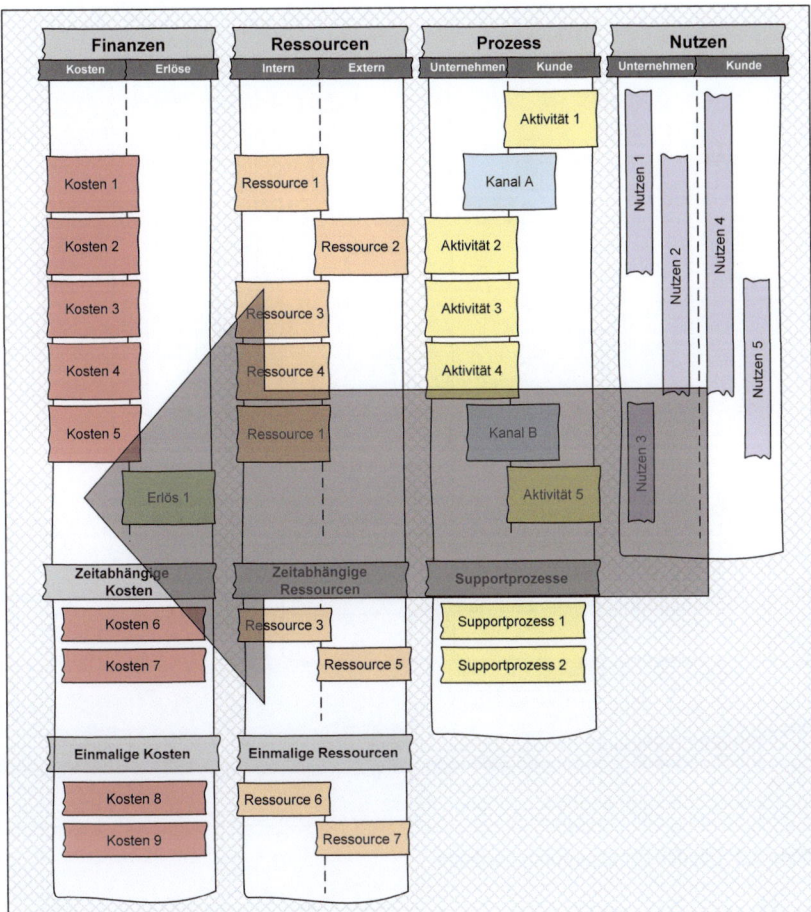

Abb. 3.1 Arbeitsrichtung der Quadromo-Methode

des Prozesses benötigt werden, jedoch nicht auf einen einzelnen Prozessdurchlauf bezogen werden können oder sollen (beispielsweise monatliche Kosten wie die Miete) werden separat ausgefüllt, wobei hier zu beachten ist, dass dies bei Verwendung der Quadromo-Methode optionale Bestandteile eines Geschäftsmodells sind. Zudem gibt es einen Bereich für einmalige Anschaffungsobjekte, um für die Dienstleistungserbringung notwendige Voraussetzungen zu schaffen.

▶ Die Arbeitsrichtung der Quadromo-Methode ist von rechts nach links.

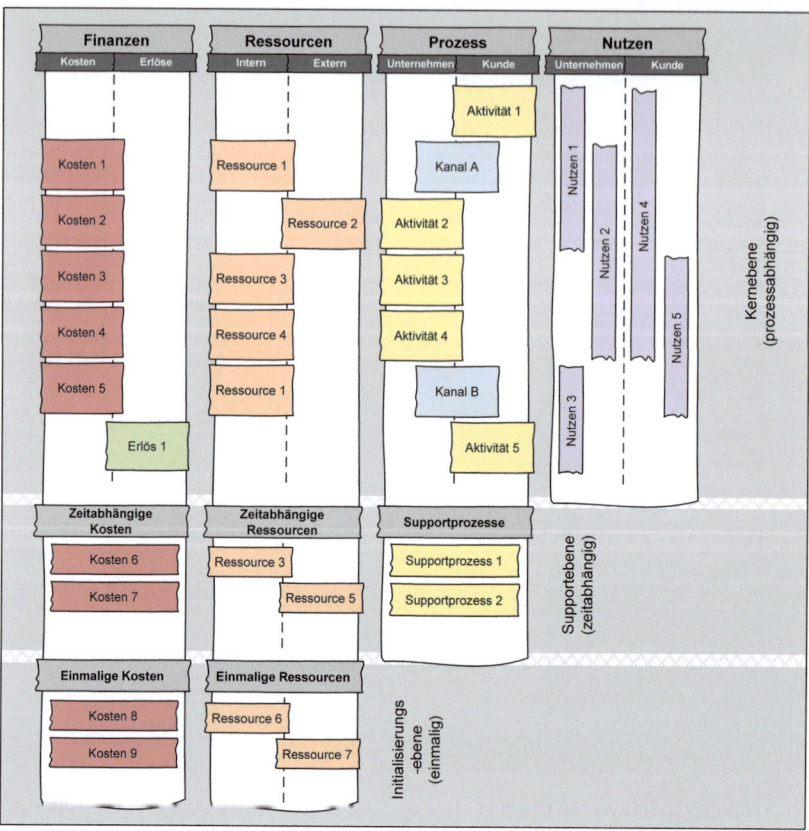

Abb. 3.2 Ebenen der Quadromo-Methode

3.1.3   Ebenen

Neben den vier grundlegenden Bereichen *Nutzen*, *Prozess*, *Ressourcen* und *Finanzen* unterteilt die Quadromo-Methode zusätzlich drei Ebenen (von oben nach unten, siehe Abb. 3.2): Kernebene (prozessabhängig), Supportebene (zeitabhängig) und Initialisierungsebene (einmalig).

Die oberste Ebene bildet die prozessabhängigen Bestandteile eines Geschäftsmodells ab. Dies bedeutet, dass Sie in diesem Bereich den Nutzen, den Kernprozess, die prozessabhängigen Kosten und die prozessabhängigen Ressourcen aufführen. Es handelt sich bei diesen Bestandteilen um all das, was genau einer Durchführung eines Dienstleistungserbringungsprozesses in Ihrem dienstleistungsbasierten Geschäftsmodell zuzuordnen ist. Dieser Bereich bildet somit die Kernebene Ihres Geschäftsmodells.

Unterhalb der Kernebene finden Sie in der Quadromo-Methode die Supportebene. In diesem Bereich werden alle zeitabhängigen Bestandteile hinterlegt. Als Bestandteile des Supportbereiches zählen die Supportprozesse, die zeitabhängigen Kosten sowie die zeitabhängigen Ressourcen. Supportprozesse sind all die Prozesse, die zwar für die Erbringung der Dienstleistung benötigt werden, jedoch unabhängig von einzelnen Dienstleistungserbringungsprozessen sind. Auf diese Weise können Sie alle relevanten Bestandteile in Ihrem dienstleistungsbasierten Geschäftsmodell berücksichtigen, d. h. auch solche, die nicht anteilig für einen einzelnen Dienstleistungsprozess berücksichtigt werden sollen. Als Beispiele für solche Supportprozesse dienen IT-Support oder Transport. Neben den Supportprozessen werden zudem zeitabhängige Ressourcen und zeitabhängige Kosten in dieser Ebene hinterlegt. Bei diesen Ressourcen und letztlich den zugeordneten Kosten handelt es sich um Bestandteile, deren Nutzung auf Basis einer bestimmten Zeit kalkuliert wird (beispielsweise pro Woche, pro Monat oder Jahr). Als Beispiele für solche Ressourcen dienen monatliche Kosten für ein Fahrzeug (Treibstoff, Versicherung, etc.), Miete oder die jährlichen Kosten für eine Website.

Die Initialisierungsebene dient der Abbildung der notwendigen einmaligen Anschaffungen zur Erbringung Ihrer entwickelten Dienstleistung. In diesem Bereich werden alle Ressourcen und die zugeordneten Kosten aufgeführt, welche einmalig angeschafft werden müssen, um die Dienstleistung anbieten zu können. Als Beispiel für eine solche Ressource ist das Fahrzeug selbst oder ein Server zu sehen. Innerhalb des Geschäftsmodells hinterlegen Sie somit in diesem Bereich die einmaligen Kosten. Eine genaue Beschreibung, wie Sie die einzelnen Bereiche und Ebenen ausfüllen können, finden Sie in Kap. 3.2.

3.1.4 Zeilenorientierung

Die Quadromo-Methode ist prozessorientiert. Doch was bedeutet das? Ein Prozess besteht generell aus verschiedenen Prozessschritten. Jeder Schritt beschreibt eine Aktivität, ein Ereignis oder eine Schnittstelle die während der Dienstleistungserbringung stattfindet oder, im Falle der Schnittstelle, genutzt wird. Die vier einzelnen Bereiche sind voneinander abhängig und müssen somit tendenziell „gleichzeitig" bearbeitet werden. In der Quadromo-Methode wird deshalb eine zeilenbasierte Vorgehensweise vorgeschlagen. Zeilenbasiert bedeutet, dass Sie zu jedem Prozessschritt in jeder Spalte einen oder mehrere Einträge tätigen. Durch dieses Vorgehen ist gewährleistet, dass alle relevanten Aspekte des Geschäftsmodells berücksichtigt werden.

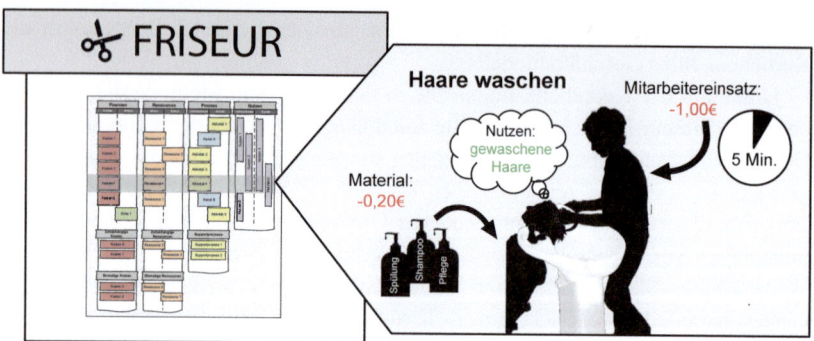

Abb. 3.3 Die Aktivität „Haare waschen"

▶   Die Bearbeitung in der Quadromo-Methode erfolgt zeilenbasiert.

In der praktischen Anwendung der Methode führt die zeilenbasierte Vorgehensweise zu folgendem Verhalten: Sobald Sie einen Prozessschritt anlegen, sollten
Sie in der gleichen Zeile zusätzlich die notwendigen Ressourcen, die entstehenden
variablen Kosten und Erlöse und die zugeordneten Nutzen aufführen. Hier ein Beispiel: Stellen Sie sich als Dienstleistung einen einfachen Haarschnitt bei einem
Friseur vor. Die Dienstleistungserbringung startet mit der Begrüßung, verläuft über
das Waschen, Schneiden und Föhnen der Haare bis hin zum Bezahlvorgang. Als
Beispiel für das zeilenbasierte Vorgehen wählen wir nun die Aktivität *Waschen der
Haare* (siehe Abb. 3.3).

Der Nutzen, der aus der Haarwäsche entsteht, ist das gereinigte Haar und idea-
lerweise auch eine steigende Kundenzufriedenheit. Der zugehörige Prozessschritt
wäre in diesem Fall *Waschen der Haare* (auf Seiten des Unternehmens). Die notwendigen Ressourcen für diesen Prozessschritt sind Personal (Zeit), Haarshampoo
und Spülung. Die entstehenden Kosten können hierbei für diesen Prozessschritt für
die jeweiligen Ressourcen ermittelt werden. Beispielsweise dauert das Waschen
der Haare 5 min. Die Personalkosten werden somit auf diese 5 min heruntergebrochen. Das Haarshampoo kann mengenmäßig ermittelt werden, so können pro-
zentual die Kosten des Shampoos für einen Waschvorgang in Höhe von 10 Cent
ermittelt werden. Gleiches gilt für die Spülung. Exemplarisch werden auch hierbei 10 Cent hinterlegt. Erlöse ergeben sich in diesem Fall nicht, da diese erst am
Ende des Dienstleistungsprozesses innerhalb des Bezahlvorgangs anfallen und
dementsprechend dort vermerkt werden. Die Umsetzung dieses Beispiels gemäß
der Quadromo-Methode zeigt Abb. 3.4. Auch wenn dieses Beispiel recht einfach
gehalten ist und in der obigen Darstellung stark abstrahiert wurde, so dient es hier
der Vermittlung der zeilenbasierten Vorgehensweise bei Verwendung der Quadromo-Methode.

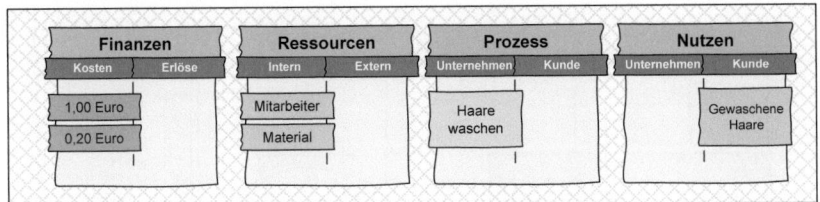

Abb. 3.4 Die Aktivität „Haare waschen" in der Quadromo-Methode

3.1.5 Prozessorientierung

Bevor Sie ein Geschäftsmodell für eine neue Dienstleistung entwickeln, sollten Sie sich darüber im Klaren sein, was genau Sie als Dienstleistung anbieten möchten. Die Quadromo-Methode dient dazu, genau *einen* Durchlauf der Dienstleistung abzubilden. Wir empfehlen daher, die Dienstleistung auf einen Durchlauf herunterzubrechen. Durch diese Visualisierung haben Sie die Möglichkeit zu ermitteln, wie viele Durchläufe letztlich notwendig sind, damit sich das Geschäftsmodell rentiert.

Um letztlich herauszufinden, ob sich das Geschäftsmodell rentiert, sollten Sie die geplanten Durchläufe einer Dienstleistung pro Zeiteinheit berechnen (beispielsweise die Anzahl der Durchläufe pro Monat) und dann die zu erwartenden Einnahmen den Supportprozessen und deren Kosten sowie den einmaligen Anschaffungen gegenüber stellen (siehe Abb. 3.5). Die zugrunde liegende Berechnungsformel lernen Sie in Kap. 3.2.4 kennen.

▶   In Quadromo modellieren Sie genau einen Durchlauf eines Dienstleistungserbringungsprozesses.

Wenn Sie vorhaben, alternative Modelle zu entwickeln, sollten Sie für jede Alternative ein Modell erstellen. Hierbei können Sie beispielsweise unterschiedliche Kosten ansetzen (zum Beispiel hinsichtlich der Überlegung, ob Sie etwas selber anschaffen wollen oder auf externe Ressourcen angewiesen sein wollen) oder unterschiedliche Vertriebswege (beispielsweise einen Kontakt des Kunden mit dem Unternehmen über eine Website oder direkt im Ladenlokal. Übernehmen Sie hierfür Bestandteile aus einem Modell und ändern Sie die Alternativen entsprechend ab. Generell sollten Sie versuchen, für jede Alternative ein eigenes Modell zu erstellen, denn nur dann haben Sie den Gesamtüberblick, der Ihnen einen Vergleich ermöglicht.

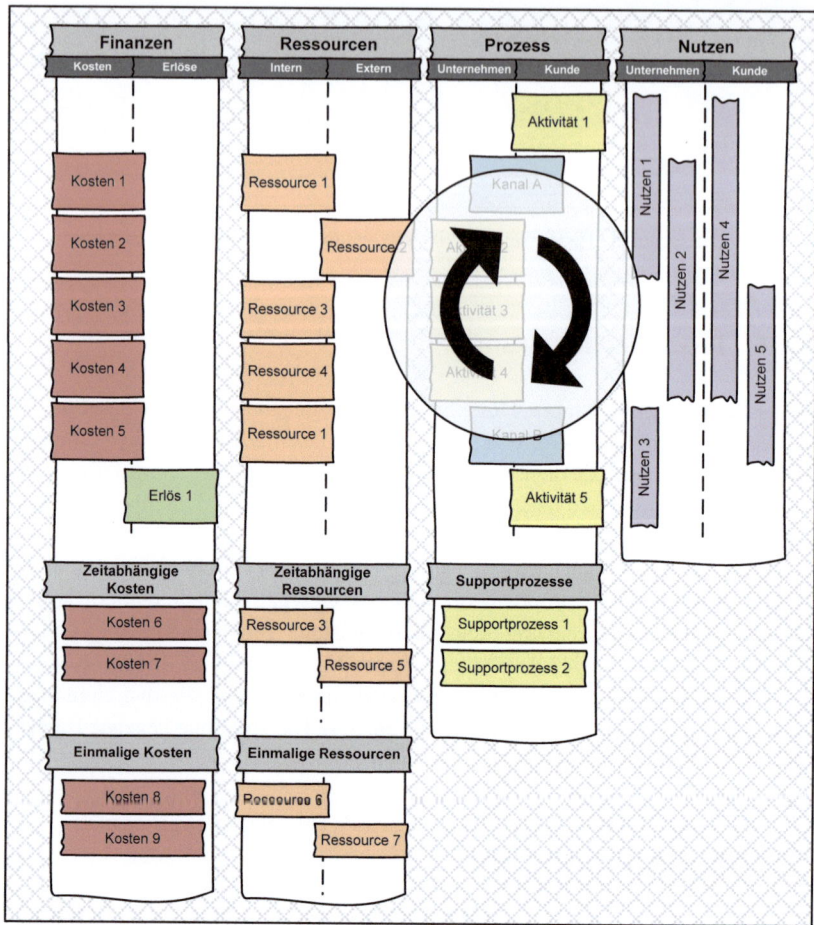

Abb. 3.5 Prozessiterationen in der Quadromo-Methode

Neben den alternativen Modellen gibt es die Möglichkeit, unterschiedliche Einnahmeströme durch die Methode zu visualisieren. Bei der Modellierung sollten Sie sich immer die Frage stellen, ob der Prozess in Interaktion mit einem Kunden oder mehreren, eventuell auch mittelbaren Kunden verläuft. Hierbei kann es sinnvoll sein, unterschiedliche Kundengruppen bzw. Einnahmequellen in jeweils einem eigenständigen Modell zu modellieren, sofern sich der Prozess der Erbringung für diese Kundengruppen unterscheidet. Anders gesprochen: Es kann vorkommen,

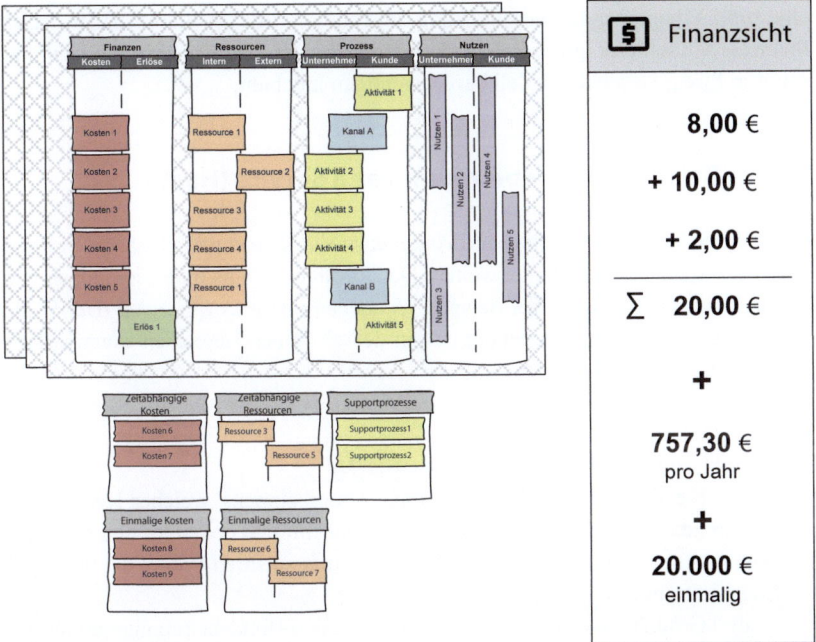

Abb. 3.6 Prozessabhängige Kosten, Supportkosten und einmalige Kosten in der Quadro-mo-Methode

dass Sie für eine Dienstleistung verschiedene Prozesse modellieren, welche jeweils einen Einnahmekanal darstellen. Für jeden dieser Kanäle können Sie dann unabhängig die Anzahl der Durchläufe, und somit auch die Kosten und Einnahmen, grob abschätzen. Integrieren Sie dann diese Einzelberechnungen mit den Supportfunktionen und Anschaffungszahlungen, welche ja lediglich zeitgebunden bzw. einmalig anfallen, so können Sie unterschiedliche Kundengruppen für eine Dienstleistung sowie die in diesen Gruppen potenziell möglichen Einnahmen ganzheitlich betrachten. Zur Berechnung der Rentabilität müssen Sie dann nur die Kosten und Erlöse aller benötigten Ressourcen für die jeweiligen prozessabhängigen Ebenen miteinander verrechnen (beispielsweise 20,00 EUR in Abb. 3.6) und zusätzlich die Supportkosten (beispielsweise 757,30 EUR pro Jahr in Abb. 3.6) und die einmaligen Kosten hinzurechnen (beispielsweise einmalig 20.000 EUR in Abb. 3.6).

In den meisten Fällen beginnt eine Dienstleistung mit dem Kundenkontakt und hört beim Bezahlvorgang auf. Bei komplexeren Dienstleistungsprozessen sind jedoch auch andere Einstiegs- und Ausstiegspunkte möglich (beispielsweise wenn eine produktbegleitende Dienstleistung angeboten wird). In diesen Fällen ist es Ihnen als Modellierer überlassen, welche Bereiche des Prozesses Sie abbilden und somit in Ihrem Geschäftsmodell berücksichtigen möchten.

3.1.6 Beispiel: Hundebetreuung as a Service (HaaS)

Nachdem Sie nun die grundlegende Vorgehensweise kennengelernt haben, bringen Ihnen die folgenden Abschnitte weitere Details näher. Um es Ihnen so einfach wie möglich zu machen, wird das Beispiel *Hundebetreuung as a Service (HaaS)* als durchgehendes Beispiel verwendet und in den einzelnen Bereichen exemplarisch abgebildet.

Beispiel: Hundebetreuung as a Service (HaaS)

Stellen Sie sich vor, Sie sind Leiter eines Unternehmens, welches Heimtierbedarf anbietet. Um Ihr bestehendes Produktportfolio zu erweitern und die Kundenbindung zu steigern, möchten Sie zusätzlich zu Ihren Produkten nun auch Dienstleistungen anbieten.

Ihre Geschäftsidee ist es, einen professionellen Hundebetreuungsservice anzubieten, welcher die folgenden Bestandteile beinhaltet:

1. Termingerechtes Betreuen von Hunden durch professionelle Hundetrainer.
2. Gesundheitsprüfung des Hundes und Überwachung des Gesundheitszustands
3. Hundespezifische Produktberatung (Leinen, Futter etc.).

Die für Sie relevante Kundengruppe (d. h. Ihre Zielgruppe) sind einkommensstarke Singles mit Zeitknappheit.

3.2 Der Weg zum Geschäftsmodell

3.2.1 Nutzen definieren

Die erste Frage, die Sie sich bei der Entwicklung Ihres neuen Geschäftsmodells stellen müssen, ist die Frage nach dessen Nutzen. Welcher Nutzen wird für den Kunden durch mein Geschäftsmodell erzielt? Welchen Mehrwert hat der Kunde durch die neue Dienstleistung? Was erwarten Sie selbst von der neuen Dienstleistung? Welche Vorteile bietet Ihnen die Geschäftsidee?

Diese grundsätzlichen Fragen sind wegweisend für die gesamte Gestaltung Ihres dienstleistungsbasierten Geschäftsmodells. Sollten Sie auf Anhieb auf keiner Seite – weder für Sie noch für den Kunden – einen Nutzen identifizieren können, müssen Sie sich über die Sinnhaftigkeit Ihres Geschäftsmodells in der angedachten Form Gedanken machen.

Sobald der Nutzen für den Kunden sowie für Sie identifiziert ist, tragen Sie diesen in die dafür vorgesehenen Spalten ein. Hierbei bietet es sich an, zunächst keine Zuordnung zu bestimmten Prozessabschnitten vorzunehmen. Eine solche Zuordnung erfolgt in der Regel nach der Beschreibung des Dienstleistungsprozesses (siehe Kap. 3.2.2).

Im Folgenden wird der Nutzen der Dienstleistung Hundebetreuung as a Service (HaaS) exemplarisch beschrieben. Bei dem Beispiel ist der Kundennutzen der Dienstleistung einerseits, dass der Hund individuell betreut wird. Dies führt zu dem weiteren Nutzen, dass die Kundin bzw. der Kunde eine Versorgung für den Hund gewährleistet, wenn sie bzw. er zeitlich nicht selbst dazu in der Lage ist. Letztlich birgt diese Dienstleistung den Kundennutzen, dass der Gesundheitszustand des Hundes während der Betreuung überwacht wird und entsprechende Informationen bereitgestellt werden.

Zusätzlich sollen beispielhaft drei generelle Nutzenpotenziale für das Unternehmen genannt werden. Einerseits erweitert es mit der Dienstleistung das bestehende Produktportfolio um zusätzliche Angebote und positioniert sich somit neu auf dem Markt. Zudem erhöht es Ihre Kundenwahrnehmung und damit einhergehend Ihr Image als Heimtierbedarfsspezialist. Letztlich ermöglicht es Ihnen, die bestehenden Produkte auf eine neue Vertriebsart dem Kunden zu verkaufen. Diese neue Vertriebsart ermöglicht, die bestehende Produktpalette individuell zu dem Hund passend dem Kunden (Cross-Selling) anzubieten.

Beispiel: Hundebetreuung as a Service (HaaS)

Nutzen für Kunden:
1. Individuelle Hundebetreuung.
2. Das gute Gewissen, dass der Hund gut versorgt ist.
3. Informationen zum Gesundheitszustand des Hundes.

Nutzen für Unternehmen:
1. Erweiterung des Portfolios um Dienstleistungen.
2. Verbesserung des Images.
3. Cross-Selling des bestehenden Sortiments.

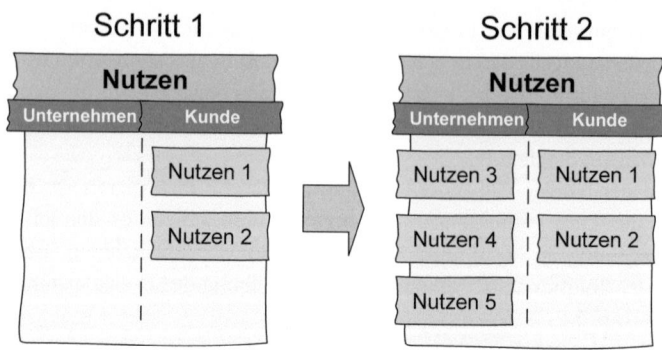

Abb. 3.7 Befüllung der Spalte „Nutzen" in der Quadromo-Methode

Um den identifizierten Nutzen nun in der Quadromo-Methode zu hinterlegen, notieren Sie sich zunächst den identifizierten Nutzen für den Kunden (Schritt 1 in Abb. 3.7) sowie für Ihr Unternehmen (Schritt 2 in Abb. 3.7). Hierbei sollten Sie darauf achten, dass dies zunächst Vorlagen sind, die Sie im weiteren Verlauf der Modellerstellung noch bearbeiten bzw. zuordnen müssen. Hierzu eignen sich zunächst Notizzettel, die Sie im weiteren Verlauf noch ersetzen können.

▶   Mit der Quadromo-Methode identifizieren Sie zunächst generelle Nutzenpotenziale der Geschäftsidee, die Sie im weiteren Verlauf noch konkretisieren und Ihrem Prozess zuordnen.

Für das beschriebene Fallbeispiel ist das resultierende Modell in Abb. 3.8 dargestellt.

Der beschriebene Nutzen – sowohl auf Kunden- als auch auf Unternehmensseite – dient zunächst der groben Orientierung und wird in den späteren Schritten verfeinert und angepasst. Das letztlich resultierende Modell des Nutzens sehen Sie in Abb. 3.9 bereits als Vorschau. Dieser Zustand wird jedoch erst erreicht, sobald Sie die Prozessschritte eingetragen und eine Zuordnung vorgenommen haben. Nachdem Sie den Nutzen identifiziert und vermerkt haben, wird im nächsten Schritt die Dienstleistung in einzelne Prozessschritte gegliedert.

▶   Leitfragen zur Ermittlung des Nutzens:
    • Welche Probleme Ihrer Kunden lösen Sie?
    • Welchen weiteren Nutzen bieten Sie dem Kunden?
    • Welche Bedürfnisse des Kunden können Sie befriedigen?
    • Welche Vorteile bietet das dienstleistungsbasierte Geschäftsmodell Ihrem Unternehmen?

Abb. 3.8 Nutzen des Beispiels HaaS

3.2.2   Prozessschritte beschreiben

Der zweite Schritt auf dem Weg zur Erstellung eines neuen dienstleistungsbasier-
ten Geschäftsmodells ist die Darstellung des Dienstleistungserbringungsprozesses.
Die Prozessperspektive ermöglicht eine detaillierte verlaufsorientierte Beschrei-
bung der Dienstleistung. Ziel der Prozessbeschreibung ist es, einzelne notwendige
Schritte der Dienstleistungserbringung aufzuzeigen, um mögliche Schwachstellen,
Nutzenpotenziale, Ressourcen und Kosten verursachungsgerecht zuzuordnen.

Die Quadromo-Methode unterteilt den Dienstleistungserbringungsprozess
strukturell in drei wesentliche Bereiche: Unternehmen, Kunde und Kommunikationskanal. Im Bereich des Unternehmens werden alle Prozessschritte vermerkt,
die während der Erbringung der Dienstleistung durch das Unternehmen – bzw.
durch Sie – durchzuführen sind. Die Kundenperspektive bzw. die Kundenspalte
verdeutlicht alle Aktivitäten und Vorgänge, die auf Seiten des Kunden stattfinden.
Exemplarisch für einen solchen Kundenschritt ist das Einloggen auf einer Internetseite oder die Bezahlung der Dienstleistung. Der dritte Bereich verbindet die
beiden Seiten miteinander und stellt die Kommunikationskanäle dar, die zur Infor-
mationsübertragung zwischen Kunde und Unternehmen genutzt werden. Als Beispiel dient hier die Website oder ein Telefon.

Abb. 3.9 Vorschau auf
der Spalte „Nutzen" in der
Quadromo-Methode

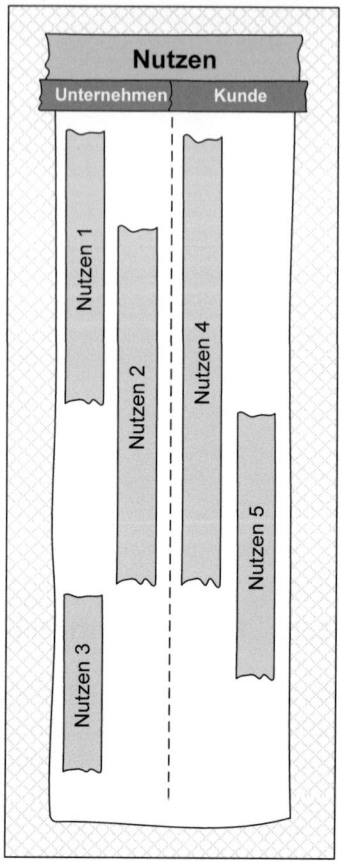

Bevor Sie nun mit der Gestaltung und Aufzeichnung Ihrer Geschäftsidee für eine neue Dienstleistung beginnen, müssen Sie zunächst die folgenden Fragen klären:

1. Wer ist mein Kunde (im Modell)?

Auch wenn die Frage zunächst trivial erscheint, so ist sie dennoch von großer Bedeutung. Die Quadromo-Methode gibt keine konkreten Vorgaben, für welche Situationen bzw. Konstellationen Sie die Methode einsetzen. Vielmehr können Sie die Methode für verschiedene Szenarien sinnvoll einsetzen. Die Grundidee der Methode ist die Standardsituation, dass ein Unternehmen direkt mit dem Endkunden in einem Dienstleistungsprozess kommuniziert. Zusätzlich zu diesem Szenario ist die Methode aber auch anwendbar in dem Fall, dass Sie den Dienstleistungsprozess für die Interaktion zwischen Lieferant und Unternehmen oder zwischen Unternehmen und anderen Partnern abbilden möchten.

► Quadromo kann für verschiedene Situationen genutzt werden. Es handelt sich um eine generische Methode. Die folgenden Konstellationen von Akteuren sind denkbar:
  - Kunde – Unternehmen,
  - Lieferant – Unternehmen
  - Partner – Unternehmen
  - Tochterfirma – Unternehmen

2. Welche Variante des Prozesses möchte ich abbilden?
In vielen Fällen gibt es unterschiedliche Prozessvarianten für die Dienstleistungserbringung. Exemplarisch sei hier die Möglichkeit des Online-Kontaktes und des Direkt-Kontaktes genannt. Bei der Quadromo-Methode ist es vorgesehen, dass Sie verschiedene Varianten eines Dienstleistungsprozesses in unterschiedlichen Modellen hinterlegen. Dies hat den Vorteil, dass verursachungsgerecht ermittelt werden kann, welche Kosten für welche Variante entstehen. Zudem ermöglicht die differenzierte Modellierung der einzelnen Varianten einen Vergleich der Möglichkeiten, welche unter Umständen zur Entscheidung für oder gegen eine Variante führen kann.

► Quadromo stellt eine Methode, mit der Sie eine einzelne Variante aufzeigen. Durch mehrmaliges Modellieren erhalten Sie Alternativen, die Sie auf einfachem Wege vergleichen können.

3. Wo beginne ich, meine Dienstleistung abzubilden?
Einen passenden Startpunkt zu setzen, fällt Ihnen möglicherweise nicht leicht. Es gibt bei der Quadromo-Methode keine Vorgaben, wo ein Dienstleistungsprozess beginnt und wo er aufhört. Als Hilfestellungen empfehlen wir Ihnen, darauf zu achten, ab wann durch die Dienstleistung ein erster Nutzen auf Kunden- und/oder Unternehmensseite erzielt wird. Ebenfalls ist ein möglicher Einstiegspunkt der erste Kontakt zum Kunden, durch den die Dienstleistung in Auftrag gegeben wird. Auch ist es denkbar, dass Sie nur Teilausschnitte auf Ihre Sinnhaftigkeit hin untersuchen möchten oder mit anderen Alternativen vergleichen möchten – auch in diesem Fall können Sie die notwendigen Prozessschritte in der Quadromo-Methode darstellen.

Ähnlich zum Startpunkt haben Sie auch beim Endpunkt des abgebildeten Dienstleistungsprozesses freie Gestaltungsmöglichkeit. Während einige Dienstleistungen mit dem Bezahlvorgang beim Unternehmen enden, so bedürfen andere Geschäftsmodelle eventuell noch der Berücksichtigung von darauf folgenden Prozessschritten – beispielsweise interne Rückmeldungs- und Dokumentationsaktivitäten. Aus diesem Grunde ist auch bei dem Endpunkt keine Vorgabe durch die Quadromo-Methode vorgegeben.

▶   Bei Quadromo entscheiden Sie darüber, welchen Teil eines Dienstleistungsprozesses Sie abbilden und/oder vergleichen wollen. Ein fester Start- und Endpunkt ist nicht vorgegeben.

4. Wie detailliert bilde ich meinen Prozess ab?

Eine weitere Fragestellung, die Sie vor der Aufzeichnung des Dienstleistungsprozesses beantworten sollten, ist der Detaillierungsgrad. Analog zu den Start- und Endpunkten werden auch bei dem Detaillierungsgrad keine Vorgaben durch die Quadromo-Methode gemacht. Während bei einigen Dienstleistungen ein hoher Detaillierungsgrad notwendig ist, reicht es bei anderen teilweise aus, den Prozess grob abzubilden, um letztlich eine Entscheidung für oder gegen das Geschäftsmodell zu treffen. Nichtsdestotrotz haben Sie die Möglichkeit, weitere relevante Informationen zu hinterlegen, die zur Entscheidungsfindung beitragen können. Auch wenn es keine Vorgaben zu dem Grad der Detaillierung gibt, so empfehlen wir Ihnen dennoch das Ziel zu verfolgen, schrittweise von einem groben Modell zu einem detaillierten Abbild der Geschäftsidee zu gelangen. Hierzu sollten Sie verschiedene Modelle anfertigen, die eine schrittweise Entwicklung verdeutlichen und so einen Vergleich zulassen. Durch eine detaillierte Aufstellung aller Prozessschritte sind Sie letztlich in der Lage, fundierte Entscheidungen zu treffen und bestehende Schwachstellen des Modells zu identifizieren. Zudem ist es ratsam den Grad der Detaillierung während der Modellierung beizubehalten. Dies hat den Vorteil, dass Sie insbesondere im Vergleich der einzelnen Alternativen eine genaue Abschätzung über Vorteile und Nachteile geben können.

▶   Sie können in Quadromo den Detaillierungsgrad selbst bestimmen.

Nachdem Sie sich über die beschriebenen Fragestellungen Gedanken gemacht haben, können Sie nun mit der Erstellung Ihres Geschäftsmodells für Ihre neue Dienstleistung beginnen. Die Unterteilung der Spalte *Prozess* ist wie bereits erwähnt wie folgt: Unternehmen, Kunde und Kommunikationskanal.

Abb. 3.10 Kernprozess
und Supportprozesse

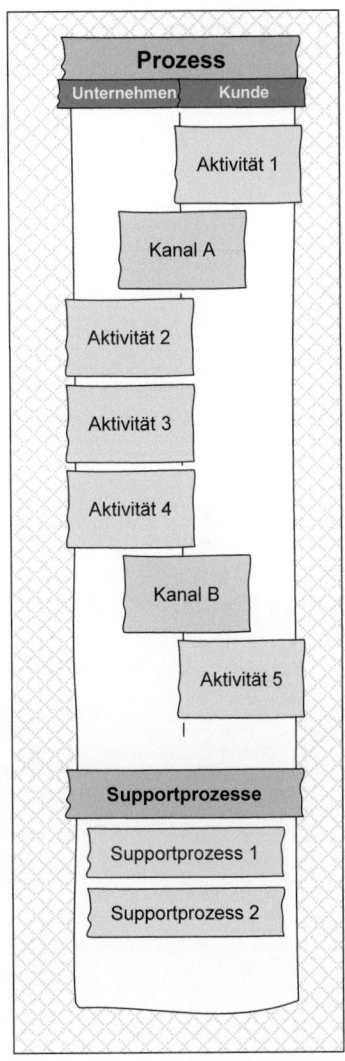

Auf der rechten Seite platzieren Sie alle Prozessschritte, die der Kunde aus-
führt (siehe Abb. 3.10). Analog dazu platzieren Sie alle Prozessschritte, die das
Unternehmen ausführt auf der linken Seite. Sobald der Dienstleistungsprozess von
Kunde zum Unternehmen oder umgekehrt wechselt, benötigen Sie einen Kommu-

Abb. 3.11 Kommunika-
tionskanäle im Kernprozess

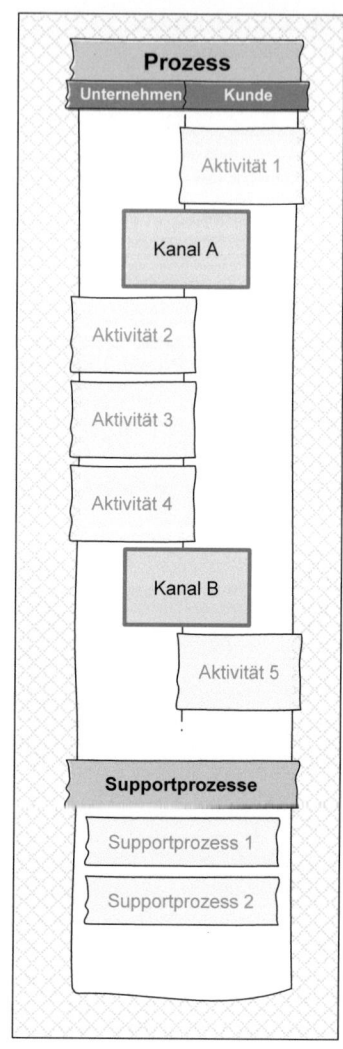

nikationskanal (siehe Abb. 3.11). Beispiele für einen solchen Kommunikationskanal sind Email, Website oder Telefon. Es ist ebenfalls denkbar, dass eine Person
als Kommunikationskanal eingetragen wird.

Aufgrund Ihrer Entscheidung, wo die Dienstleistung beginnen soll, starten Sie
mit der Modellierung des Prozesses genau an dieser Stelle (entweder auf Kunden-

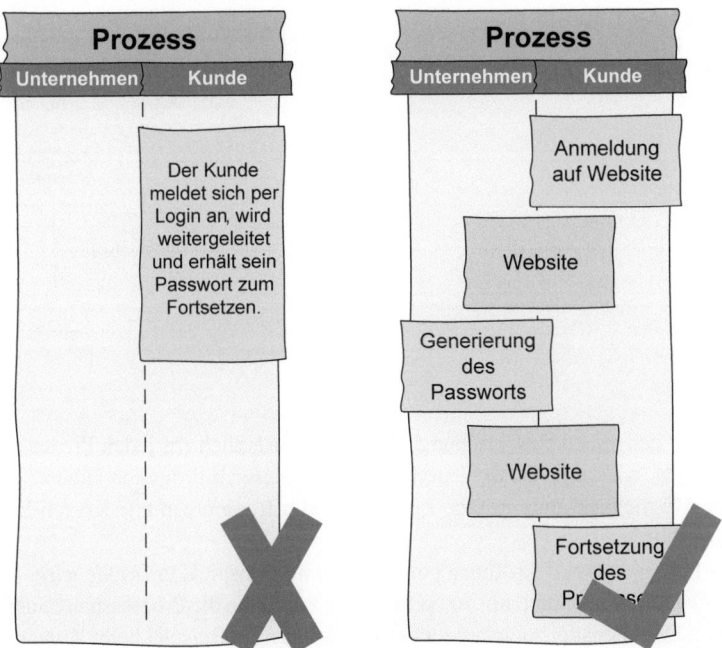

Abb. 3.12 Empfohlene Bezeichnung von Aktivitäten

oder Unternehmensseite). Versuchen Sie, auf kurze und prägnante Formulierungen für einen Prozessschritt zu achten, sodass diese auch später für Sie oder generell für andere verständlich sind.

▶   Beschreiben Sie Prozessschritte kurz, prägnant und für Außenstehende nachvollziehbar.

Folgende Formulierungen eignen sich beispielsweise nicht für eine Prozessschrittbezeichnung: „Der Kunde meldet sich per Login an, wird weitergeleitet und erhält ein Passwort zum Fortsetzen". Eine geeignetere Formulierung wäre in diesem Fall: „Anmeldung auf Website". In einem Folgeschritt würde dann als Kommunikationskanal „Website" erscheinen und auf Seiten des Unternehmens würde der Prozessschritt „Generierung/Versand eines Passworts" stattfinden. Über den Kommunikationskanal Website würde dann der Prozess auf der Kundenseite weitergehen (siehe Abb. 3.12).

Abb. 3.13 Modellie-
rung des Kernprozesses
(Schritt 1)

Neben der reinen Beschreibung sollten Sie zusätzlich für jeden Prozessschritt hinterlegen, wie lange dieser dauert. Auf Basis dieser Information haben Sie später die Möglichkeit, eine genaue Zuordnung von Ressourcen und Kosten/Erlösen durchzuführen.

Im Folgenden wird das Ihnen bereits bekannte Beispiel zur *Hundebetreuung as a Service (HaaS)* genutzt, um zu verdeutlichen, wie Sie die Prozessspalte ausfüllen können. Der Dienstleistungsprozess startet in unserem Beispiel beim Kunden. Der Kunde fragt zunächst den Service an und nutzt dafür den Kommunikationskanal *Website*. Dies setzt natürlich voraus, dass Sie einerseits eine Website besitzen und andererseits eine solche Funktion auf Ihrer Website ermöglichen. Da wir hier ein fiktives Beispiel aufzeigen, gehen wir davon aus, dass diese Funktionalität auf Ihrer Website implementierbar ist. Die Anfrage des Kunden auf der Website könnten Sie wie in Abb. 3.13 dargestellt mit Hilfe der Quadromo-Methode abbilden.

Auf der Unternehmensseite werden bei Durchführung der Dienstleistung dann die folgenden Prozessschritte durchgeführt: Der Hund wird spazieren geführt, durch die Hundetrainer trainiert und ein Gesundheitsbericht über den Zustand des Hundes wird erstellt. Diese Schritte können Sie wie in Abb. 3.14 dargestellt in Quadromo abbilden. Von der Übergabe bzw. Abholung des Hundes beim Kunden wird an dieser Stelle abstrahiert.

Im Anschluss an die Hundebetreuung übermitteln Sie den aktuellen Gesundheitszustand des Hundes an Ihren Kunden. Diese Übermittlung erfolgt ebenfalls über den Kommunikationskanal *Website*, wo der Kunde innerhalb eines hundeindividuellen Profils alle relevanten Daten zu seinem Hund einsehen kann. Der Kunde bezahlt die Dienstleistung, wodurch der Prozess abgeschlossen ist. In der Quadromo-Methode wird dies wie in Abb. 3.15 dargestellt abgebildet:

Abb. 3.14 Modellie-
rung des Kernprozesses
(Schritt 2)

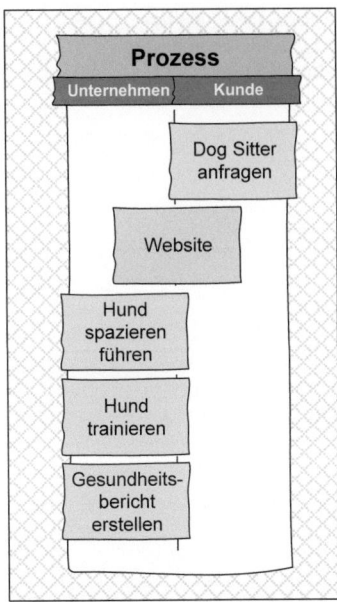

Wie Sie anhand dieses sehr stark vereinfachten Beispiels feststellen können, gibt es verschiedene Möglichkeiten, den Dienstleistungsprozess abzubilden. Aufgrund der Freiheiten, die Sie sowohl bei dem Grad der Detaillierung, den Bezeichnungen als auch bei dem Start und Endzeitpunkt haben, ist es möglich, dass der gleiche Sachverhalt von unterschiedlichen Personen abweichend modelliert wird. Bei Quadromo gibt es kein richtig oder falsch. Es ist dem Modellierer überlassen, seine Idee so aufzubereiten, dass sie das abbildet, was er sich vorstellt.

▶   Quadromo lässt dem Modellierer kreativen Freiraum. Die Methode
      ist nur ein strukturierendes Rahmenwerk, das dabei unterstützt, neue
      Ideen ihrer möglichen Umsetzung näher zu bringen.

Zusätzlich zu den einzelnen Prozessschritten, ist in Quadromo ein Bereich für Supportprozesse bereitgestellt. Dieser Bereich dient dazu, auch Querschnittsaktivitäten einer Unternehmung in einem dienstleistungsbasierten Geschäftsmodell abzubilden und zu berücksichtigen. Unter solchen Prozessen werden beispielsweise Funktionen wie IT-Support oder Finanzbuchhaltung angesehen. Es handelt sich dabei um Prozesse, die unterstützend für den Dienstleistungsprozess benötigt werden, jedoch nicht einem einzelnen Prozessdurchlauf zugeordnet werden können.

Abb. 3.15 Modellie-
rung des Kernprozesses
(Schritt 3)

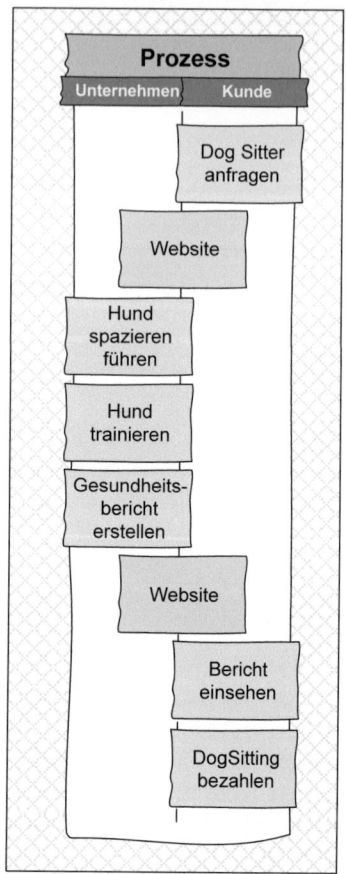

▶ In Quadromo können Sie neben den einzelnen Prozessschritten auch
   zeitabhängige Prozesse hinterlegen, die Sie für Ihr Geschäftsmodell
   benötigen. Somit haben Sie einen ganzheitlichen Überblick und können differenzieren, ob Ressourcen und Kosten durch einen einzelnen
   Prozessdurchlauf entstehen oder als unterstützende Funktionalität
   berücksichtigt werden müssen.

In unserem Beispiel *Hundebetreuung as a Service (HaaS)* sind als Supportprozesse
IT-Support zur Verwaltung der Website (allgemein) bzw. der Mehraufwand der IT

Abb. 3.16 Kernprozess
und Supportprozesse im
Beispiel HaaS

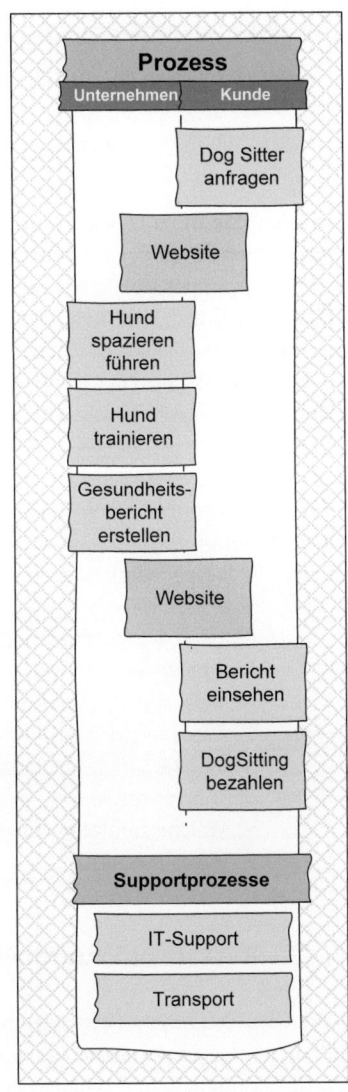

zur Verwaltung der neuen Funktionalitäten der Website sowie *Transport* für die
Beförderung der Hunde zu den Parks hinterlegt. Der Bereich Prozess sieht schließlich wie in Abb. 3.16 dargestellt aus.

Beispiel: Hundebetreuung as a Service (HaaS)

Zentrale Funktionen:

- IT,
- Transport.

Nachdem Sie Ihren Dienstleistungsprozess abgebildet haben, schauen Sie sich erneut die von Ihnen zuvor identifizierten Nutzenpotenziale an. Überlegen Sie nun, welche Nutzenpotenziale den gesamten Dienstleistungsprozess betreffen und welche eventuell nur einzelnen oder einer Gruppe/Abfolge von Aktivitäten zuzuordnen sind. Zur Veranschaulichung könnte der Nutzen „schnellerer Kundenkontakt" zu dem Prozessschritt der Kontaktaufnahme zugeordnet werden, wobei der Nutzen „Kundenzufriedenheit" vermutlich den kompletten Dienstleistungsprozess betrifft. In unserem Beispiel haben wir die zuvor generell formulierten Nutzenpotenziale den einzelnen Prozessschritten zugeordnet (siehe Abb. 3.17).

Nun haben Sie die beiden ersten Spalten Ihres Dienstleistungsprozesses miteinander verknüpft und nähern sich schrittweise Ihrem vollständigen Geschäftsmodell. Es fehlen lediglich noch die Ressourcen und das Finanzielle.

▶ Leitfragen zur Ermittlung der Prozesse
- Kernprozesse
  - Was sind die Hauptaktivitäten, die wir oder der Kunde in der Dienstleistungserbringung durchführen müssen?
  - Welche Kanäle nutzen wir, um mit den Kunden zu kommunizieren?
- Supportprozesse
  - Welche zentralen Funktionen werden zur Dienstleistungserbringung benötigt?

3.2.3 Ressourcen zuordnen

Neben dem Nutzen und den einzelnen Prozessschritten für Ihr neues Geschäftsmodell definieren Sie zusätzlich die notwendigen Ressourcen, um ein allumfassendes Bild zu ermöglichen. Ressourcen können, wie bereits zuvor beschrieben, sowohl materielle als auch immaterielle Ressourcen sein. Materielle Ressourcen umfassen Maschinen oder Räume. Immaterielle Ressourcen hingegen umfassen Mitarbeiterstunden, Software oder ähnliches.

In Quadromo werden Ressourcen verursachungsgerecht zugeordnet. Dies bedeutet, dass einerseits Ressourcen immer einem Prozessschritt zugeordnet werden und andererseits die Nutzung und damit auch die Gewichtung dieser Ressourcen in

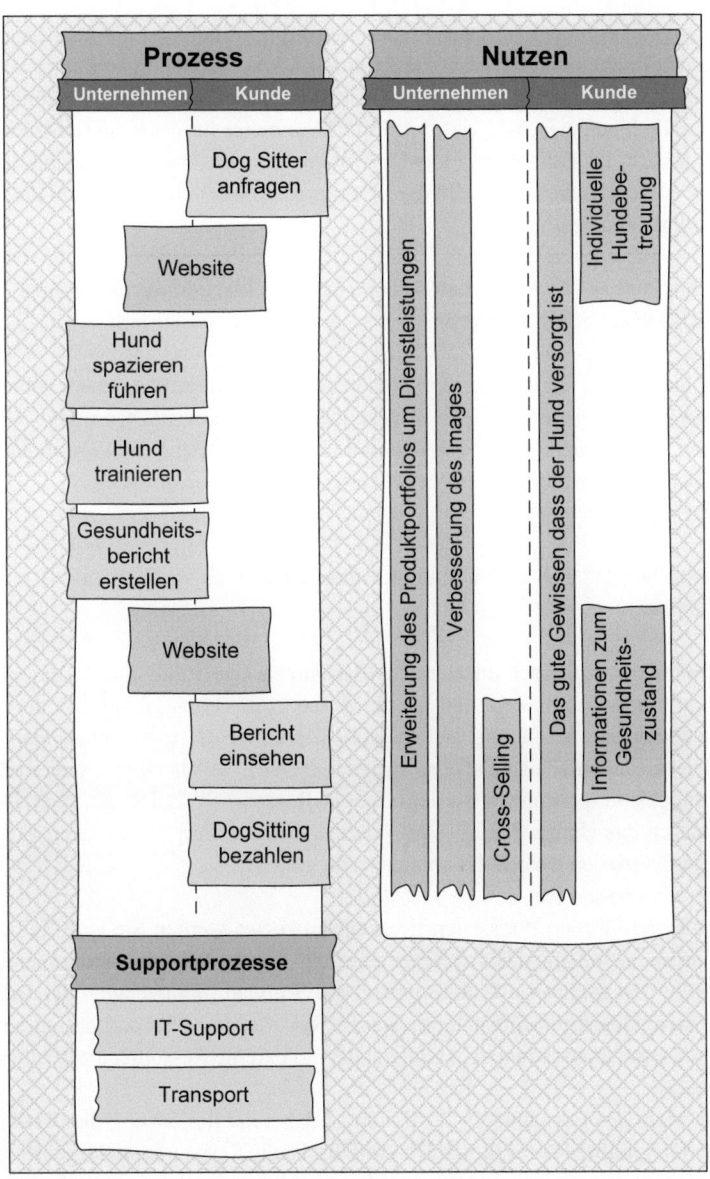

Abb. 3.17 Kernprozess, Supportprozesse und Nutzen im Beispiel HaaS

Abhängigkeit von der Dauer des Prozessschrittes ermittelt und im dienstleistungsbasierten Geschäftsmodell berücksichtigt wird. Die Notwendigkeit eines solchen
Vorgehens wird insbesondere bei der Ressource Personal deutlich. Sie können somit anteilig berechnen, wie viel Zeit Ihrer Mitarbeiter für die neue Dienstleistung
benötigt wird. Im Falle eines Start-Up-Unternehmens können Sie anhand der Berechnung die notwendige Anzahl der Mitarbeiter ermitteln oder die Aufteilung von
Zuständigkeiten bestimmen.

▶   Ressourcen können immateriell und materiell sein und werden verursa-
    chungsgerecht zugeordnet.

Bevor Sie mit der Darstellung der Ressourcen in Quadromo beginnen, sollten Sie
sich zunächst ein Bild von Ihren bestehenden Ressourcen machen und diese evtl.
notieren. Haben Sie bereits Software und Hardware, welche Sie verwenden können? Haben Sie Mitarbeiter in Ihrem Unternehmen, die Sie für die neue Dienstleistung vorgesehen haben?

▶   Machen Sie sich einen Überblick über die bereits vorhandenen Res-
    sourcen.

Quadromo unterscheidet im Bereich Ressourcen wie folgt: intern und extern.
Unter internen Ressourcen sind all die Ressourcen vermerkt, die Sie durch Ihr
Unternehmen zur Verfügung stellen wollen. Hierbei ist zu beachten, dass auch
Neuanschaffungen (beispielsweise neues Personal), welche Ihrem Unternehmen
zugeordnet sind, verstanden werden. Externe Ressourcen sind Ressourcen, die Sie
nicht durch das Unternehmen selbst bereitstellen, sondern von anderen externen
Anbietern beziehen wollen. Beispiele hierfür sind Mietwagen, externe Berater, ge-
liehene Materialien etc.
    Zur Durchführung Ihres Dienstleistungsprozesses werden Sie eine Reihe von
Ressourcen benötigen. Dies werden einerseits häufig Personal und andererseits
materielle und immaterielle Ressourcen wie Software, Fahrzeuge, oder Arbeits-
geräte sein. Überlegen Sie sich, ob Sie die Ressourcen selbst anschaffen bzw. in
Ihrem Unternehmen entwickeln wollen oder auf externe Ressourcen zurückgreifen
möchten.
    Ein wichtiges Entscheidungskriterium ist dabei die **Bedeutung der Ressource
für die Originalität Ihres Geschäftsmodells**. Ist die Ressource wichtiger Bestandteil Ihres Geschäfts, wie z. B. hochqualifizierte Mitarbeiter, eine spezielle Software
oder ein individuell gestaltetes Transportmittel, so sollten Sie diese Ressource in
Ihrem Unternehmen binden und weiterentwickeln. Handelt es sich jedoch um aus-

tauschbare, infrastrukturbezogene Ressourcen, sollten Sie darüber nachdenken, diese auszulagern und sich lieber auf Ihr Kerngeschäft zu konzentrieren. Vergessen Sie bei all diesen Überlegungen nicht die mit den Ressourcen verbundenen Kosten. Häufig können gerade im Infrastrukturbereich erhebliche **Kosteneinsparungen** erzielt werden. Denken Sie zum Beispiel an die Anmietung von Servern für eine Website oder eine Internetbasierte Anwendung. Eine derartige Infrastruktur selbst zu betreiben wird sich nur unter sehr speziellen Umständen lohnen.

Wenn Sie verschiedene Alternativen durchspielen möchten, um abzuwägen, ob sich eine eigene Anschaffung einer bestimmten Ressource mehr lohnt als die Miete oder das Leasing dieser Ressource, so können Sie einfach Alternativmodelle erstellen und die Ergebnisse (insbesondere monetär) direkt miteinander vergleichen.

Nachdem Sie nun die „Ist-Situation" vor Augen haben, d. h., Sie einen Überblick haben, welche Ressourcen vorhanden sind, und Sie zusätzlich mit dem Aufbau der Spalte Ressourcen vertraut sind, können Sie mit der Zuordnung der Ressourcen zu Prozessschritten in Quadromo beginnen.

In Quadromo finden Sie die internen Ressourcen auf der rechten Seite und die externen Ressourcen auf der linken Seite (siehe Abb. 3.18). Zusätzlich finden Sie im unteren Bereich den Bereich zeitabhängige Ressourcen. Zeitabhängige Ressourcen sind solche, die Sie nicht auf einen Prozessdurchlauf herunterbrechen wollen, aber dennoch für die Durchführung des Prozesses benötigt werden. Beispiele für zeitabhängige Ressourcen sind Autos (Versicherung, Steuern, etc.), Websites, Räume (Miete), etc. Neben den zeitabhängigen Ressourcen gibt es zusätzlich noch einen Bereich für einmalige Ressourcen. Diese Ressourcen sind solche, die sie einmalig in Ihrem Geschäftsmodell berücksichtigen wollen und dafür anschaffen wollen. Ein Beispiel für eine solche Anschaffung ist der Kauf eines Geschäftsraumes oder eines Fahrzeugs.

Wenn Sie die Ressourcen-Spalte für Ihr konkretes Geschäftsmodell ausfüllen wollen, betrachten Sie zunächst den ersten Prozessschritt und überlegen Sie, welche Ressourcen für die Durchführung notwendig sind. Benötigen Sie einen Mitarbeiter für den ersten Kundenkontakt? Benötigen Sie ein Tool oder eine Website? Solche Fragen sollten Sie sich zunächst stellen und dann direkt eine Zuordnung vornehmen.

In unserem Beispiel ist der erste Prozessschritt die Anfrage des Dog Sitter über die *Website*. Hierzu wurde die *Website* als notwendige Ressource identifiziert. Neben der Website benötigen Sie zusätzlich noch einen Hundetrainer, der die Hunde spazieren führt und trainiert sowie einen Tierarzt/-pfleger, der den Gesundheitszustand des Hundes bewertet. Als weitere Ressourcen identifizieren Sie die Notwendigkeit eines Autos, damit der Hundetrainer die Hunde abholen und zu den Parks fahren kann.

Abb. 3.18 Der Bereich
„Ressourcen" in der
Quadromo-Methode

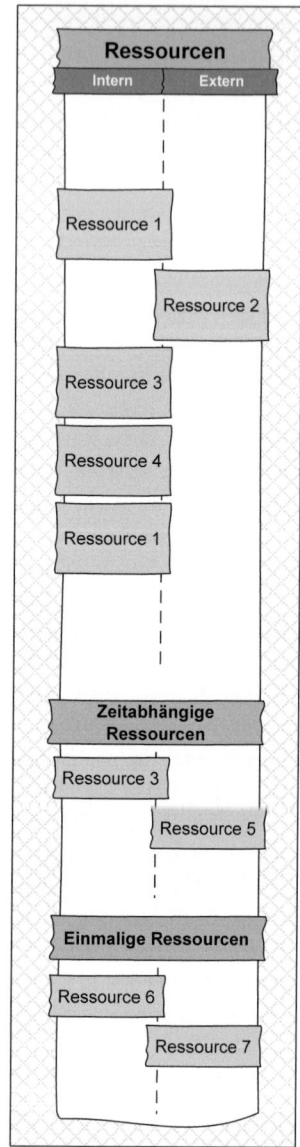

Beispiel: Hundebetreuung as a Service (HaaS)

Notwendige Ressourcen:
- Hundetrainer,
- Website,
- Tierarzt/-pfleger,
- Auto.

Den Hundetrainer möchten Sie selbst durch Ihr Unternehmen bereitstellen. Diese Ressource wird somit der Spalte *Intern* zugeordnet. Die Website soll durch eine Fremdfirma betrieben werden, gleiches gilt für den Tierarzt/-pfleger, welcher ebenfalls als externe Dienstleistung zu berücksichtigen ist. Diese Ressourcen werden somit zu der Spalte *Extern* zugeordnet.

Bei der Website handelt es sich um eine zeitabhängige Ressource, sodass die späteren Kosten nicht auf einen Prozessdurchlauf runtergebrochen werden können. Das Auto wird in dem Beispiel durch Sie selber angeschafft und betrieben. Aus diesem Grunde müssen Sie es zum einen bei den einmalig anzuschaffenden Ressourcen und zum anderen bei den zeitabhängigen Ressourcen berücksichtigen. Die von Ihnen identifizierten Ressourcen können Sie wie in Abb. 3.19 dargestellt mit Hilfe der Quadromo-Methode abbilden.

Nachdem Sie nun alle Ressourcen zugeordnet haben, ist Ihr Modell fast vollständig. Dieses besteht zum jetzigen Zeitpunkt aus identifizierten und zugeordneten Nutzenpotenzialen, einzelnen Prozessschritten und den notwendigen Ressourcen.

▶   Leitfragen zur Ermittlung des Ressourcenbedarfs
- Prozessspezifische Ressourcen
  - Welche Ressourcen werden zur Durchführung der Prozessaktivitäten benötigt?
  - Schaffen wir diese Ressourcen selbst an oder betreiben wir Outsourcing?
- Zeitabhängige Ressourcen
  - Welche Ressourcen werden zur Durchführung der Supportprozesse zusätzlich benötigt?[1]
  - Einmalig anzuschaffende Ressourcen:

---

[1] „Zusätzlich" meint in diesem Zusammenhang, dass nur Ressourcen (und deren Kosten) aufgenommen werden sollten, die ausschließlich für die neue Dienstleistung anfallen bzw. bei denen Aufstockungen nötig sind, um die neue Dienstleistung durchführen zu können.

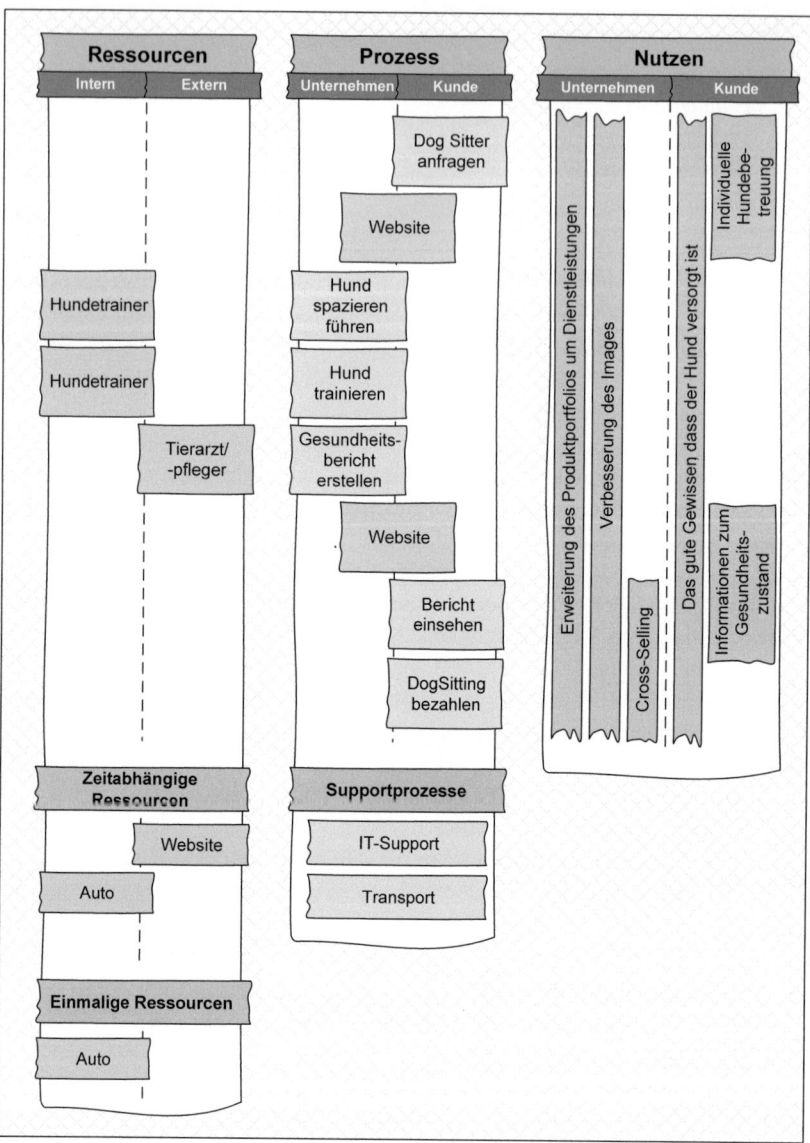

Abb. 3.19 Ressourcen, Prozess und Nutzen im Beispiel HaaS

- Welche Ressourcen müssen Sie einmalig (neu) anschaffen, um
die Dienstleistung erbringen zu können?

Zusätzlich sollten Sie sich überlegen, welche der durch die obigen Schritte
identifizierten Ressourcen strategische Relevanz besitzen. Welche sind wertvoll, selten, nicht-imitierbar und nicht-substituierbar? Jede innovative Dienstleistung, die Sie modellieren, sollte mindestens eine, im Idealfall jedoch
mehrere Kernressourcen einsetzen. Diese sollten auch hauptsächlich im Kernprozess zu finden sein.

Zur endgültigen Entscheidung für oder gegen das Geschäftsmodell benötigen Sie
jedoch noch weitere Modellelemente. Im Folgenden wird Ihnen erklärt, wie Sie
die notwendigen Kosten sowie die zu erwartenden Erlöse für Ihr neues Geschäftsmodell ermitteln können.

3.2.4   Kosten und Erlöse festlegen

Sie haben nun fast alle relevanten Aspekte in Quadromo hinterlegt – doch letztlich
entscheidend ist die Frage, ob sich die Geschäftsidee am Ende auch rentiert. Um
eine erste Kalkulation durchführen zu können, halten Sie die anfallenden Kosten
und die erwarteten Erlöse fest und können daher einen Vergleich durchführen. Zusätzlich sollten Sie neben den prozessbezogenen und zeitabhängigen Kosten auch
beachten, welche Anschaffungsauszahlungen bzw. Investitionen Sie tätigen müssen, um die neue Dienstleistung anbieten zu können.

Die Quadromo-Methode versucht, Ihnen die grobe Kalkulation der anfallenden
Kosten und Erlöse so einfach wie möglich zu gestalten. Die komplexe Sicht auf die
finanziellen Aspekte einer Dienstleistung wird auf das Wesentliche reduziert. Somit ersetzt die Methode in keinem Fall die Erstellung eines Business Case (d. h. die
rechnerische Untersuchung der Rentabilität eines Geschäftsmodells), jedoch stellt
sie einen ersten Schritt zur Entscheidungsfindung dar. Häufig wird in Unternehmen
auf Basis der grundsätzlichen Idee über eine Projektierung, d. h. die konkretere
Ausarbeitung eines Dienstleistungskonzepts, entschieden. Ziel der Integration der
Finanzsicht in Quadromo ist es, bereits vor der Projektierung erste Anhaltspunkte
über das Potenzial der neuen Dienstleistung zu erhalten. Dadurch können Sie un-
nötige Ausarbeitungen von Details für nicht lohnende Ideen bzw. Projekte vermeiden. Sollten Sie andererseits durch Quadromo herausfinden, dass Ihre Geschäftsidee voraussichtlich Marktpotenzial besitzt, können Sie die verwendeten Daten
einfach als erste Schätzungen in einen detaillierten Business Case übertragen und
somit als Grundlage für eine detaillierte Berechnung nutzen. Grundsätzlich wird in
Quadromo zwischen drei Kostentypen unterschieden (siehe Abb. 3.20):

Abb. 3.20 Der Bereich
„Finanzen" in der
Quadromo-Methode

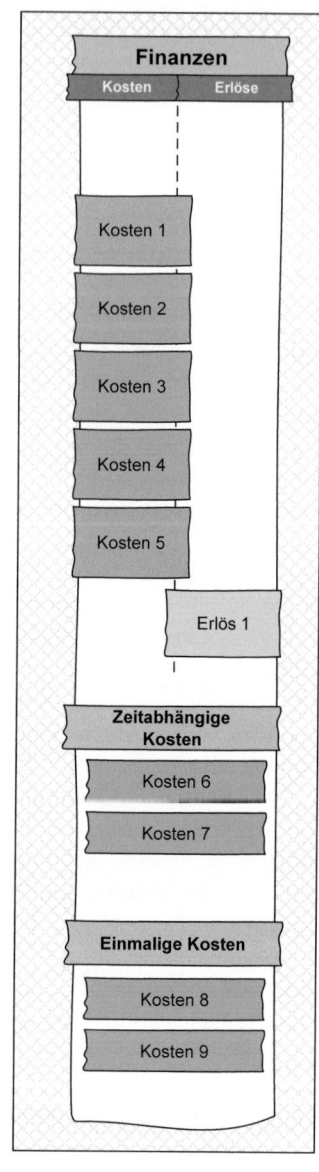

- **Prozessabhängige Kosten** sind variable Kosten und fallen daher pro Prozessdurchlauf an, d. h. Sie entstehen in Abhängigkeit von der Erbringung der Dienstleistung. Je häufiger die Dienstleistung durchgeführt wird, desto höher auch die absoluten Kosten. Typische Beispiele sind Arbeitsstunden der Mitarbeiter innerhalb des Kernprozesses sowie bei der Erbringung benötigtes Verbrauchsmaterial.
- **Zeitabhängige Kosten** sind Fixkosten, die unabhängig von der konkreten Erbringung anfallen. Sie fallen im Rahmen der zusätzlich nötigen Ressourcen für Supportprozesse an. Beispielsweise sind die Ressourcen, welche zur kontinuierlichen Vermarktung einer Dienstleistung benötigt werden, unabhängig von der Anzahl der Durchführungen. Sie fallen pro Zeiteinheit an (z. B. pro Monat oder Jahr).
- **Einmalige Kosten** fallen an, um das Unternehmen einmalig in die Lage zu versetzen, eine Dienstleistung durchführen zu können. Hierunter fallen beispielsweise Ausgaben für Geräte und sonstige Materialien, welche nicht während der Durchführung verbraucht werden. Von komplexen Abschreibungen dieser Dinge wird abstrahiert, da es in Quadromo nur um eine grobe Abschätzung der Rentabilität geht.

Den Kosten gegenüber stehen verschiedene Einnahmen, welche in Quadromo Prozessschritten zugeordnet werden. So können Sie beispielsweise zusätzliche Einnahmen durch optionale Prozessschritte modellieren.

Im Folgenden sollen die Kostenabschätzungen detaillierter betrachtet werden. Für jede Ressource des Dienstleistungsprozesses können Einnahmen und Ausgaben angelegt werden. Somit ergibt sich für den Deckungsbeitrag pro Erbringung der Dienstleistung (DB) als Summe aller Einnahmen des Dienstleistungsprozesses abzüglich der Summe der Ausgaben für alle Ressourcen:

$$DB = \sum_{i=1}^{\#Prozessschritte} Einnahmen_i - \sum_{j=1}^{\#Ressourcen} Ausgaben_j$$

DB Deckungsbeitrag pro Prozessdurchlauf

Ist hier bereits ein Verlust zu erkennen, ist die Einführung der neuen Dienstleistung in den meisten Fällen nicht sinnvoll. Ausnahmen stellen beispielsweise Dienstleistungen dar, welche nicht zur Gewinnerzielung eingeführt werden sollen. Wollen Sie durch die Dienstleistung Ihre Marke stärken oder im Vergleich zur Konkurrenz einfach nur nicht schlecht dastehen, können unter Umständen auch Verluste pro Durchlauf akzeptiert werden, solange diese voraussichtlich durch (langfristige) indirekte Effekte aufgefangen werden.

Doch der Gewinn und Verlust pro Erbringung der Dienstleistung stellt nur einen ersten Schritt dar. Als nächstes müssen Sie die zeitabhängigen variablen Kosten, d. h. die Ausgaben für die Supportprozesse, berücksichtigen. Da in der Ressourcensicht nur zusätzlich nötige Ressourcen für die Supportprozesse modelliert werden, werden auch nur die zusätzlich anfallenden Ausgaben für diese Prozesse geschätzt. Dabei werden die gesamten Zusatzkosten für den jeweiligen Planungshorizont addiert. Somit ergibt sich als Formel für die zeitabhängigen variablen Kosten (ZVK) im Planungshorizont p:

$$ZVK_P = \sum_{k=1}^{\substack{\textit{Zeiteinheiten im} \\ \textit{Planungshorizont}}} Ausgaben_k$$

ZVK_P zeitabhängige variable Kosten im Planungshorizont

Als letztes müssen die einmaligen Fixkosten (EFK) geschätzt und aufaddiert werden. Ist dieser Schritt abgeschlossen, kann der Gewinn bzw. Verlust (vor Steuern und Finanzierung) für den gesamten Planungshorizont abgeschätzt werden. Der Gewinn ergibt sich als der Deckungsbeitrag einer Serviceerbringung multipliziert mit der geschätzten Anzahl an Erbringungen im Planungshorizont abzüglich der zeitabhängigen variablen Kosten und der einmaligen Fixkosten.

$$G \,|\, V_P = (E_p * DB) - ZVK_P - EFK$$

E_p geschätzte Anzahl der Erbringungen im Planungshorizont
$G\,|\,V_P$ Gewinn bzw. Verlust innerhalb des Planungshorizonts
DB Deckungsbeitrag pro Prozessdurchlauf
ZVK_P zeitabhängige variable Kosten im Planungshorizont
EFK Einmalige Fixkosten

Anhand dieser Formel können Sie nun auch mit dem Planungshorizont experimentieren, um einen möglichen „Break-Even-Point" zu schätzen. Es ist jedoch wichtig zu beachten, dass in dieser vereinfachten Darstellung etliche Faktoren nicht berücksichtigt werden und daher anschließend im Rahmen eines detaillierten Business Case berechnet werden müssen. Beispielsweise müssen insbesondere einmalige Anfangsauszahlungen häufig durch Kredite abgefangen werden, deren Zinsen in der groben Schätzung in Quadromo nicht explizit berücksichtigt werden. Zwar lassen sich diese prinzipiell modellieren, jedoch erschwert dies das „Experimentieren" mit dem Planungshorizont. Ähnliches gilt auch für Skalen- und Lerneffekte, welche jedoch auch in komplexen Business Cases nur selten berücksichtigt werden.

Zur Veranschaulichung soll hier erneut das Beispiel der Hundebetreuung dienen. In dem beschriebenen Fall wurden die Ressourcen *Hundetrainer, Tierarzt/pfleger, Website* und *Auto* in dem Geschäftsmodell berücksichtigt. Eine der Ressourcen wurde sowohl in dem Prozessschritt *Hund spazieren führen* als auch in dem Prozessschritt *Hund trainieren* eingeplant. Hierbei handelt es sich um Personalleistungen, welche jeweils zeitlich auf die Prozessschritte und den jeweiligen Ressourceneinsatz aufgeteilt und berücksichtigt werden müssen.

Sie können Ressourcen auch mehrfach aufführen und beispielsweise nur einmal mit Kosten versehen, sollte es für Ihr Geschäftsmodell dienlich sein. Dazu hinterlegen Sie einfach die Ressource mehrfach im Modell, notieren aber nur einmalig die anfallenden Kosten. In den Beispielen ist Ihnen sicherlich schon aufgefallen, dass die Ressource Website mehrfach aufgeführt wird. In vielen Fällen macht man dies zur Veranschaulichung des Einsatzes der Ressource (in diesem Falle der Website). Die Kosten fallen hingegen monatlich an. Lassen Sie daher einfach die zugehörigen Kosten bei den prozessabhängigen Kosten unberücksichtigt und führen Sie diese lediglich bei den zeitabhängigen Kosten auf. Neben den anfallenden Kosten ist auch generell davon auszugehen, dass Ihr neues Geschäftsmodell Erlöse erzielen wird. Die Erlöse werden ebenfalls verursachungsgerecht in der Quadromo-Methode in der Spalte *Erlöse* hinterlegt. In der Regel entstehen die Erlöse am Ende des Prozesses mit dem Bezahlvorgang des Kunden. Es ist aber auch denkbar, dass während des Prozesses bereits Erlöse anfallen.

Neben den prozessbezogenen Kosten haben Sie in Quadromo die Möglichkeit, auch Kosten zu hinterlegen, die nicht auf einen Prozessdurchlauf heruntergebrochen werden können. Diese Kosten beziehen sich auf die Bestandteile des Supportprozesses, die Sie bereits im Bereich Prozess kennengelernt haben und auf die zeitabhängigen Ressourcen, die Sie aus dem Bereich Ressourcen kennen. Für jeden Supportprozess sollten ebenfalls Ressourcen und Kosten/Erlöse hinterlegt werden, sodass Sie einen allgemeinen Überblick über Ihr Geschäftsmodell erhalten. Für jede einmalig anzuschaffende Ressource sollten zudem die Anschaffungskosten hinterlegt werden.

In dem Beispiel *Hundebetreuung as a Service (HaaS)* wird eine Personalstunde eines Hundetrainers mit 20 € berechnet. Es wird davon ausgegangen, dass der Prozessschritt *Hund spazieren führen* eine halbe Stunde dauert. Gleiches gilt für den Prozessschritt *Hund trainieren*. Aus diesem Grunde wird jeweils für die Ressource Hundetrainer auf der Kostenseite ein Betrag von 10 € hinterlegt. Der Tierarzt/pfleger benötigt für die Erstellung des Gesundheitsberichtes ca. 10 min. In diesem Beispiel haben Sie einen Rahmenvertrag mit einem lokalen Tierarzt diese Dienstleistung für einen Stundenlohn von 18 € abgeschlossen, sodass für die einmalige 10-minütige Behandlung Kosten in Höhe von 3 € anfallen. Diese werden ebenfalls in die Spalte Kosten eingetragen. Auf der der Einnahmenseite gehen Sie auf Basis

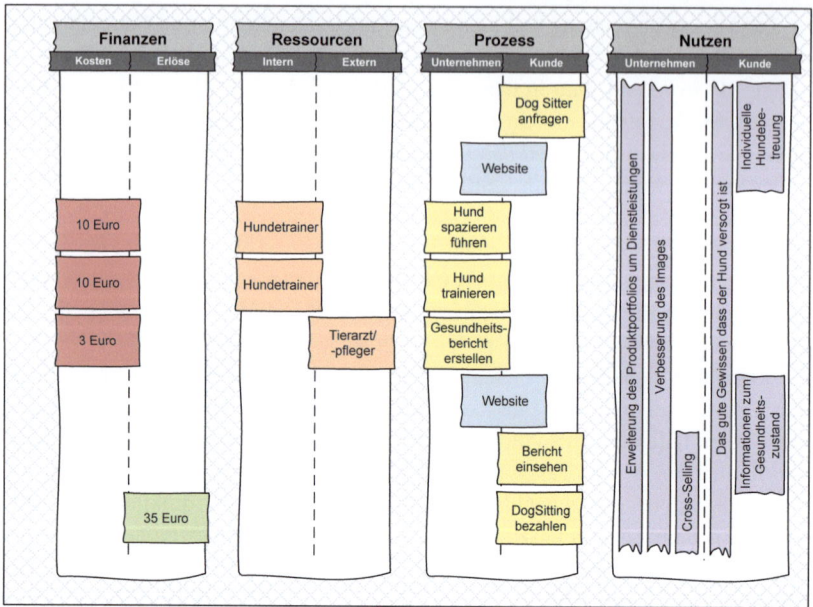

Abb. 3.21 Kernebene im Beispiel HaaS

einer vorangegangenen Umfrage und Marktstudie davon aus, dass Sie für diese
Dienstleistung einen Betrag von 35 € pro Durchlauf veranschlagen können (siehe
Abb. 3.21).

▶   Um eine detaillierte Kalkulation zu ermöglichen, die auch die fixen Kos-
    ten sowie Anschaffungsauszahlungen bzw. Investitionen berücksich-
    tigt, verwenden Sie die Formeln zur Kosten- und Erlöskalkulation.

In unserem Beispiel wurden als Supportprozesse *IT-Support* und *Transport* hinterlegt. Dementsprechend werden nun zusätzlich zu den verursachungsgerechten
Kosten auch die monatlich anfallenden Kosten für diese Funktionen aufgeführt
und hinterlegt. Sie kalkulieren als monatliche Kosten für Versicherung und den Betrieb (beispielsweise Treibstoff) des Autos 1000 €. Für die monatliche Verwaltung
der Buchungswebsite haben Sie einen externen Anbieter, der Ihnen dies für 500 €
pro Monat in Rechnung stellt (siehe Abb. 3.22).
    Zuletzt müssen Sie noch die einmaligen Kosten hinterlegen. Als einmalig an-
zuschaffende Ressource innerhalb des Beispiels *Hundebetreuung as a Service
(HaaS)* ist das *Auto* zu veranschlagen, welche mit 20.000 € Initialisierungskosten

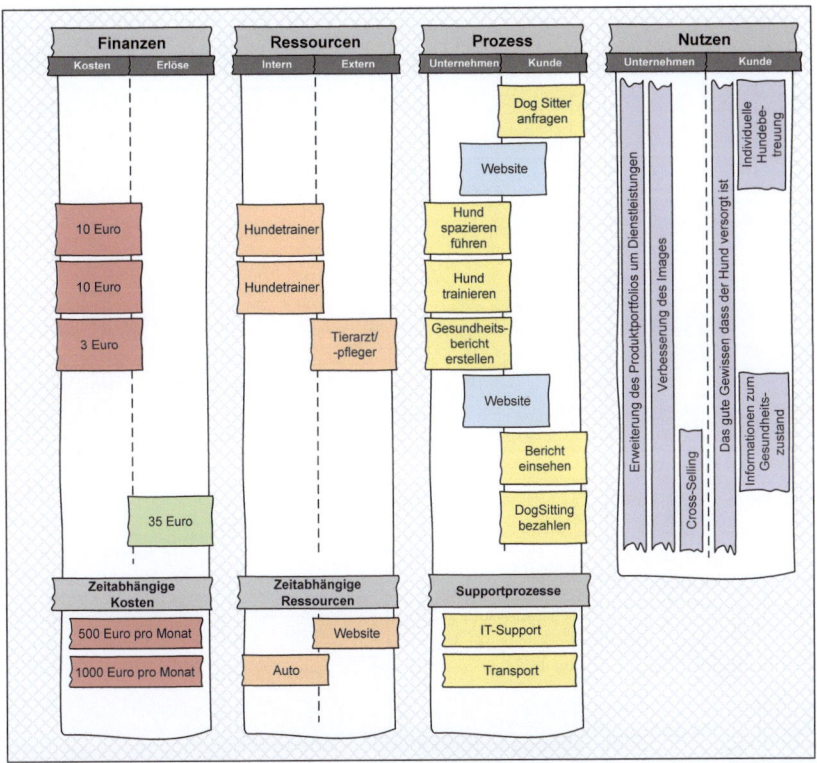

Abb. 3.22 Kern- und Supportebene im Beispiel HaaS

kalkuliert wird. Als Ergebnis erhalten Sie die gesamte finanzielle Sicht auf Ihr Geschäftsmodell (siehe Abb. 3.23).

Nun bleibt die Frage, ob sich das Geschäftsmodell für Sie lohnt oder nicht. In diesem Fall können Sie leicht sehen, dass sich ein positiver Deckungsbeitrag von 12 € pro Dienstleistungserbringung ergibt. Unter der Annahme, dass die Dienstleistung 300 Mal im Monat erbracht werden kann würde dies mehr als ausreichen, um zumindest die zeitabhängigen Kosten zu decken.

Auch wenn der entstehende Gewinn in den meisten Fällen das ausschlaggebende Kriterium ist, so gibt es auch andere Gründe, ein neues Geschäftsmodell zu entwickeln. Ob es sich lohnt, ist nicht zwingend von dem zu erwartenden Gewinn abhängig sondern kann auch beispielsweise dadurch gegeben sein, dass ein neuer Nutzen für Ihren Kunden oder für Sie entsteht. Um Ihnen einen Überblick über die verschiedenen Treiber und die daraus resultierende Vielseitigkeit der Anwendung von Quadromo zu geben, werden in den folgenden Kapiteln verschiedene

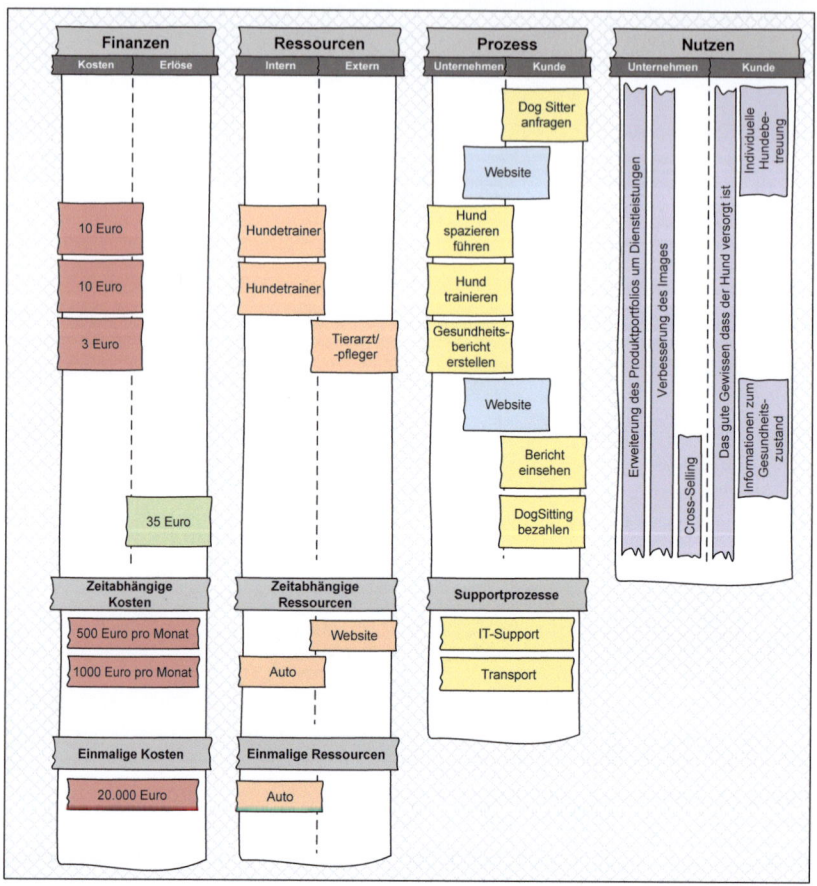

Abb. 3.23 Kern-, Support- und Initialisierungsebene im Beispiel HaaS

Anwendungsbeispiele beschrieben. Es handelt sich hierbei um Praxiserfahrungen zum Einsatz der Quadromo-Methode in unterschiedlichen Kontexten. Insgesamt werden drei Anwendungsbeispiele beschrieben.

▶   Leitfragen zur Ermittlung des Kosten und Erlöse
   • Prozessabhängige Kosten
      – Was sind die wichtigsten Kosten, die beim Ressourceneinsatz oder bei der Durchführung der Aktivitäten anfallen?
      – Welche Einnahmen werden durch den Prozess bzw. den dadurch erzielten Nutzen generiert?

- Zeitabhängige Kosten
  - Welche (fixen) Kosten fallen bei den zentralen Funktionen an, die nicht auf einen Prozessdurchlauf runter gebrochen werden können?
- Einmalige Kosten
  - Welche Anschaffungskosten müssen Sie einmalig tätigen, um die Dienstleistung erbringen zu können?

3.3   Die Anwendung in Workshops

Neben der eigenen Erstellung von Geschäftsmodellen, können Sie die Methode auch dafür einsetzen, Andere bei der Erstellung und Umsetzung Ihrer Ideen zu unterstützen. Quadromo eignet sich insbesondere dafür, innerhalb von Gruppenworkshops als strukturierendes Element zu dienen. Eine strukturgebende Grundlage gewinnt mit zunehmender Gruppengröße und zunehmender Heterogenität der Beteiligten an Bedeutung. Um diese Struktur zu gewährleisten und einen reibungslosen Ablauf eines solchen Workshops zu ermöglichen, zeigen wir im Folgenden ein paar Hinweise und Regeln auf, wie Sie die Methode Quadromo sinnvoll und zielführend innerhalb von Workshops einsetzen können.

3.3.1   Was Sie im Vorhinein abstimmen sollten

Bevor Sie einen Gruppenworkshop mit Quadromo durchführen, müssen Sie verschiedene Dinge vorbereiten. Anstatt unvorbereitet mit der Methode in einen Workshop zu gehen, sollten Sie vorab mit dem Organisator der Gruppe verschiedene Dinge abstimmen, Vorabanalysen durchführen und notwendige Materialien bereitstellen.

1. Welches Ziel verfolgt der Modellentwickler?

▶   Grenzen Sie die Ziele des Workshops und des Geschäftsmodells im Vorhinein ab!

Bevor Sie den Workshop durchführen, sollten Sie abklären, welches Ziel der Workshop haben soll. Neben der generellen Fragestellung, was verschiedene Stakeholder von dem Workshop erwarten, sollten Sie ebenfalls klar definieren, was die betriebswirtschaftliche Motivation zur Durchführung des Workshops ist. Warum

soll eine neue Dienstleistung entwickelt werden? Ist das Ziel eine Umsatzsteigerung? Sollen bestehende Prozesse optimiert werden? Diese Fragestellungen sind
zwingend im Vorhinein zu klären, um eine geeignete Moderation eines Workshops
zu ermöglichen. Notieren Sie sich diese Beweggründe und nutzen Sie sie um das
entstehende Modell während des Workshops kontinuierlich zu reflektieren.

▶   Leitfragen zur Identifikation des Ziels des Workshops
    • Welche Erwartungen hat das Unternehmen an den Workshop?
    • Welche Erwartungen hat das Unternehmen an das resultierende
       Geschäftsmodell?

Diese zwei Fragen sind ausschlaggebend für den Verlauf des gesamten Workshops.
Die Erwartungen an einen Innovationsworkshop bzw. dessen Ziele können sich
von Unternehmen zu Unternehmen stark unterscheiden. Dementsprechend sollten
die Teilnehmer des Workshops in gewissem Maße „geleitet" werden. Klären Sie im
Vorhinein, was Ihr Unternehmen (bzw. das Unternehmen für das Sie den Workshop
durchführen) bezweckt. Will es die Teilnehmer für einen Missstand sensibilisieren
oder will es ein aussagekräftiges und unter reellen Voraussetzungen umsetzbares
Geschäftsmodell entwickeln, welches in Folgeaktivitäten detailliert werden kann?
   Neben den Zielen des Workshops ist auch die Absprache über die Form des
resultierenden Geschäftsmodells wichtig. Wird ein detailliertes Geschäftsmodell
erwartet, welches alle faktisch real zu erwartenden Kosten und Erlöse abbildet?
Oder soll lediglich ein genereller Überblick über die Möglichkeiten und Notwen-
digkeiten des erwarteten Geschäftsmodells gegeben werden und präferiert daher
einen oder mehrere überblicksartige Entwürfe?
   Aufbauend auf diesen Fragestellungen ergeben sich neben der generellen Art
der Moderation während des Workshops zudem bestimmte Aktivitäten, die sowohl
Sie als auch das Unternehmen bereits im Vorhinein durchführen müssen. Welche
Details hierbei relevant und welche Aktivitäten dafür notwendig sind, wird im Folgenden beschrieben.

2. Wie ist der Workshop inhaltlich vorzubereiten?
Nachdem Sie die Ziele des Workshops definiert haben, ist es an Ihnen, diesen detailliert vorzubereiten. Gerade weil Quadromo ein einfaches Werkzeug darstellt,
ist es nicht allumfassend. Dies hat zur Folge, dass bereits vor der Modellerstellung
verschiedene Parameter erarbeitet werden müssen. Hierzu gehören u. a. Marktstudien, Definitionen sowie Analysen über bestehende Ressourcen, Prozesse und
Schwachstellen.

▶ Marktstudien ermöglichen es Ihnen, den potenziellen Erfolg der Geschäftsidee zu bewerten. Studien dieser Art sind im Vorhinein durchzuführen und können dann als Einflussgrößen für das resultierende Geschäftsmodell dienen.

Marktstudien sind wesentliche Bestandteile einer guten Vorbereitung. Bevor Sie ein Geschäftsmodell entwickeln, ist es notwendig, herauszufinden, ob und in welcher Form die neue Dienstleistung am Markt benötigt wird und inwiefern diese für den Markt geeignet ist. Diese Marktstudien können entweder durch Sie oder aber durch das Unternehmen selbst durchgeführt werden. Tendenziell sollten Sie aber im Rahmen Ihrer Vorbereitungen auf einen Workshop ein grundlegendes Verständnis des Marktes mitbringen, um die Teilnehmer während des Workshops zielgetrieben zu leiten. Generelle Fragen, die Sie innerhalb dieser Marktstudien beantworten müssen, sind ausreichend in existierender Literatur beschrieben und sollen hier nur kurz durch einige Fragen hervorgehoben werden.

▶ Leitfragen zur inhaltlichen Vorbereitung des Workshops
- Welche Zielgruppe spreche ich mit der Dienstleistung an?
- Welche Anbieter dieser Dienstleistung existieren am Markt?
- Ist das Geschäftsmodell überhaupt am Markt platzierbar?
- Welche Marktlücke schließt das neue Geschäftsmodell?
- Was sind Kunden bereit, für die neue Dienstleistung zu bezahlen?
- Wie lange dauert es, bis sich die Dienstleistung am Markt etabliert?
- Welche zusätzlichen Aktivitäten (Marketing etc.) sind notwendig, um die Dienstleistung am Markt zu platzieren?

Auf Basis der durchgeführten Marktstudien sollten Sie in einem zweiten Schritt die **Rahmenbedingungen definieren**. Hierzu ist es notwendig, die identifizierten Faktoren bewusst festzulegen und für eine Präsentation innerhalb des Workshops vorzubereiten. Unteranderem ist es wichtig, die Rahmendaten, wie die identifizierte Zielgruppe, den durch den Kunden zahlbaren Preis etc. im Vorhinein visuell aufzubereiten, sodass diese Daten für die Teilnehmer während des Workshops präsent sind.

▶ Bereiten Sie die Rahmenbedingungen, die für die Entwicklung des Geschäftsmodells relevant sind, im Vorhinein visuell auf. Dadurch schaffen Sie bei den Teilnehmern des Workshops ein einheitliches Verständnis.

Neben den externen Faktoren ist es zudem wichtig, ein **Bewusstsein für die unternehmensinternen Faktoren** zu schaffen. Zu diesen Faktoren zählen insbesondere Informationen über bestehende Dienstleistungen, unternehmensinterne Fähigkeiten und letztlich bestehende Ressourcen. Durch ein Bewusstsein und für den aktuellen Zustand des Unternehmens hinsichtlich dieser Faktoren, sind Sie in der Lage, auf mögliche Engpässe oder Potenziale während des Workshops hinzuweisen. Während es in den meisten Fällen schwierig ist, die Kompetenzen eines Unternehmens so zusammenzufassen, dass diese für einen Workshop aufbereitet werden können, ist die Zusammenfassung der Ressourcen in den meisten Fällen schnell durchgeführt. Schaffen Sie sich einen Überblick über bestehendes Personal, bestehende IT-Unterstützung, den bestehenden Fuhrpark und bestehende Räumlichkeiten. Diese Informationen können Sie im Anschluss sinnvoll aufbereiten und damit ebenfalls ein gemeinsames Verständnis bei den Teilnehmern des Workshops schaffen.

► Schaffen Sie einen Überblick über den aktuellen Zustand des Unternehmens. Bereiten Sie Informationen über bestehende Prozesse, Ressourcen und Fähigkeiten des Unternehmens vor. Dies ermöglicht eine konkrete, auf Ist-Daten basierende Entwicklungsgrundlage.

Die hier aufgeführten Aktivitäten zur Vorbereitung sind kein „Muss". Wenn Sie als Externer den Workshop leiten, dann ist es in vielen Fällen die Aufgabe des Unternehmens, im Vorhinein externe und interne Faktoren aufzubereiten und Studien durchzuführen. Nichtsdestotrotz ist es für Sie hilfreich, die relevanten Faktoren zu kennen. Zudem ist es zielführend, insbesondere bei einer größeren Gruppe mit Teilnehmern aus unterschiedlichen Abteilungen die Informationen aufzubereiten und für den Workshop verfügbar zu machen. Durch eine Zusammenfassung der Rahmenbedingungen, sowohl extern als auch intern, helfen Sie den Teilnehmern, ein einheitliches Bewusstsein basierend auf einer gemeinsamen Wissensbasis zu entwickeln.

Zusätzlich zu den inhaltlichen Fragestellungen gibt es strukturelle Aspekte, die Sie für einen Workshop vorbereiten sollten. Diese Faktoren werden im Folgenden beschrieben.

3. Wie ist der Workshop strukturell vorzubereiten?

Neben den inhaltlichen Fragestellungen sollten Sie vor einem Workshop Informationen über strukturelle Rahmenbedingungen einholen. Hierzu zählen insbesondere Informationen über die Teilnehmer des Workshops und die Ausgestaltung der Modellierung.

Die Teilnehmer eines Workshops bilden die zentrale Basis und bestimmen den Verlauf. Informieren Sie sich daher im Vorhinein darüber, welche Teilnehmer bei dem geplanten Workshop dabei sein werden. Je mehr Informationen Sie über die Teilnehmer erhalten, desto leichter fällt es Ihnen, den Workshop durchzuführen. Bringen Sie daher in Erfahrung, wie viele Teilnehmer bei dem Workshop geplant sind. Bei einer hohen Teilnehmerzahl ist es meist sinnvoll, weitere „Moderatoren" in den Workshop einzubinden. Neben der Teilnehmerzahl ist es wichtig zu wissen, welche Rollen die Teilnehmer in dem Unternehmen besetzen. Handelt es sich ausschließlich um Führungskräfte oder ist es eine Gruppe unterschiedlicher hierarchischer Ebenen? Sind es Teilnehmer aus einem Fachbereich oder sind verschiedene Kompetenzen und – damit einhergehend – verschiedene Erfahrungen und Wissensträger anwesend? Auf Basis dieser Informationen sind Sie in der Lage, den Wissensstand einzuschätzen und unterschiedliche Akteure einzuordnen.

▶   Informieren Sie sich über die Teilnehmer des Workshops, sodass Sie auf bestehende Wissensunterschiede ausreichend vorbereitet sind.

Wichtiges Element bei der Vorbereitung eines Service-Design-Workshops mit Quadromo ist die Auswahl der jeweiligen Gruppenteilnehmer beziehungsweise deren Zusammenstellung. Dabei ist zu beachten, dass Gruppen nicht zu groß werden sollten. Ideal für einen strukturierten Workshop ist eine Größe von sechs bis acht Teilnehmern. So kommen alle zu Wort und können sich in den Entwicklungsprozess einbringen.

Achten Sie bei der Auswahl der Personen darauf, Generalisten und Experten zu mischen. Während Generalisten das große Ganze im Blick behalten können, ist die Expertensicht vor allem für eine realistische Abschätzung der benötigten Ressourcen und damit verbundener Kosten essenziell.

„**Diversity**" ist ein weiteres wichtiges Stichwort in der Teamzusammensetzung. Sie werden die Kreativität der Ergebnisse steigern könnten, wenn Mitarbeiter unterschiedlicher Abteilungen, mit unterschiedlichem Kompetenzprofil gemeinsam Ideen entwickeln. Auch ein ausgewogenes Verhältnis von Frauen und Männern in den Arbeitsgruppen kann hierzu beitragen. Neben der Kreativität der entwickelten Geschäftsmodelle ist das Thema Akzeptanz der Ideen nicht zu unterschätzen. Wenn Sie von Beginn an unterschiedlichste Stakeholder der Geschäftsideen an Bord haben, wird es Ihnen später leichter fallen, Akzeptanz für Neuerungen zu erlangen.

Die zu besetzenden Rollen in einer Gruppe sind schwer vorzugeben. Hierbei müssen Sie sich auf die Begebenheiten einstellen. Eine „Optimalbesetzung" gibt es

nicht. Achten Sie wenn möglich jedoch darauf, unterschiedliche funktionale Bereiche des Unternehmens in einer Gruppe zu vereinen. Die folgenden Rollen sollten,
wenn möglich, in einem Workshop vertreten sein:

- **Unternehmensführung:** Innovationsmanagement ist Führungsaufgabe. Sie
  werden eine Geschäftsidee nur dann erfolgreich im Unternehmen umsetzen
  können, wenn Sie bereits bei der Entwicklung der Idee die Unternehmensführung an Bord haben; dies gilt entsprechend für die Workshops mit Quadromo.
  Die Unternehmensführung kann dabei einen besonderen Beitrag zur Nutzen-
  perspektive (für die Kunden und das Unternehmen) leisten. Hier steckt das
  Wissen über die aktuelle und in Zukunft verfolgte strategische Ausrichtung des
  Unternehmens.
- **Vertriebsmitarbeiter:** Niemand im Unternehmen kennt die Kunden so gut wie
  Vertriebsmitarbeiter. In Innovationsworkshops mit Quadromo sind diese Mitarbeiter zuständig für den „Reality-Check". Gibt es für die geplante Dienstleistung überhaupt einen Markt? Wären die Kunden tatsächlich bereit, für die
  neue Dienstleistung zu bezahlen? Welche Präferenzen haben die Kunden bei
  der Ausgestaltung des Dienstleistungsprozesses? Wie möchten die Kunden an-
  gesprochen werden? Welche Unternehmensressourcen, sprich Mitarbeiter, Anlagen, Werbemittel, etc. werden von Ihren Kunden erwartet? Mit Hilfe des Ver-
  triebs arbeiten Sie in den Workshops nicht am Markt vorbei.
- **Operative Experten:** Keiner kennt die Kernprozesse in Ihrem Unternehmen
  so gut wie die Experten der operativen Bereiche. Oft entstehen hier, im Bereich
  des Tagesgeschäfts, die Ideen für neue Produkte, sei es durch Kundennachfra-
  gen oder durch die Erkennung von Schwachstellen in existierenden Prozessen.
  Binden Sie operative Experten in die Workshops mit Quadromo ein. Sie werden
  einen besonderen Beitrag zu der Prozessgestaltung der neuen Dienstleistung
  leisten können; denn diese Experten wissen, was in bestehenden Strukturen umgesetzt werden kann und was nicht.
- **Finanzexperten/Controller:** Für die Erstellung eines realistischen Business
  Cases benötigen Sie Experten aus Ihrem Unternehmen, die genaue Kenntnis-
  se über Kosten- und Erlösstrukturen besitzen. Was ist der Kalkulationssatz für
  einen bestimmten Mitarbeiter oder eine bestimmte Anlage? Wie hoch ist durchschnittlich der Deckungsbeitrag Ihrer existierenden Produkte? Was kosten zu-
  gekaufte Dienstleistungen am Markt? Wie viele Transaktionen werden derzeit
  in einem bestimmten Zeitraum abgewickelt und wie viele Transaktionen können Sie mit der neuen Dienstleistung möglicherweise erzielen? Für die Beant-
  wortung dieser Fragen sind Finanzexperten bzw. Controller in der Geschäfts-
  modellierung oft unabdingbar.

- **IT-Experten**: Viele Prozesse in Unternehmen ohne IT heute nicht mehr profitabel durchführbar. Darüber hinaus ist IT häufig Kernbestandteil von Unternehmensinnovationen und spielt daher im neuen Dienstleistungsprozess eine wesentliche Rolle. Um die Machbarkeit oder den Aufwand der Entwicklung IT-gestützter Dienstleistungsinnovationen realistisch einschätzen zu können, sind IT-Experten in Workshops mit Quadromo damit fast unabdingbar.

▶ Wählen Sie die Zusammensetzung der Gruppen mit Bedacht. Achten Sie auf die Gruppengröße, eine angemessene Vielseitigkeit der Teilnehmer und ihre Rollen im Unternehmen.

Neben der Teilnehmerzahl und -art sollten Sie im Vorhinein zudem ihre eigene Rolle innerhalb des Workshops definieren. Soll es Ihre Aufgabe sein, moderierend tätig zu werden, oder wollen Sie die Teilnehmer des Workshops aktiv auf Basis Ihres Hintergrundwissens über das Unternehmen leiten? In den meisten Fällen bietet sich eine reine Moderationsrolle an, um das Ergebnis nicht zu sehr vorzugeben.

Im Falle einer Bildung von mehreren Gruppen ist es zudem wichtig zu klären, ob während des Workshops durch die Gruppen das gleiche Geschäftsmodell oder eventuell unterschiedliche Varianten oder sogar alternative Geschäftsmodelle entwickelt werden sollen. Im Falle von Varianten oder Alternativen sollten Sie bei Ihrer Vorbereitung die Ziele der jeweiligen Gruppen klar definieren und nach Möglichkeit visuell aufbereiten.

Ein weiterer wichtiger Faktor ist das Wissen über die Motivation der teilnehmenden Akteure. Auch wenn dies Ihre strukturellen Vorbereitungen nicht zwingend beeinflusst, so ist es hilfreich, sich ein Bild über die zu erwartende Beteiligung der Teilnehmer zu machen. Sind die Teilnehmer eher durch sich selbst motiviert und haben ein eigenes Interesse daran, das Geschäftsmodell zu entwickeln oder wurden die Teilnehmer von Ihrem Vorgesetzten zu der Teilnahme aufgefordert? Die daraus resultierende Grundmotivation der Teilnehmer sollte durch Sie als Indikator für eine mögliche Workshop-Dynamik genutzt werden.

▶ Schaffen Sie Transparenz mit Bezug auf Ihre Rolle und Aufgaben.

Ein wichtiger Faktor, den Sie bei der Modellierung eines Geschäftsmodells ebenfalls berücksichtigen müssen, sind die beteiligten Akteure innerhalb des zu entwickelnden Dienstleistungsprozesses. Wer sind die Kunden und wer ist der Anbieter der jeweiligen Dienstleistung? Manchmal sind die Kunden eine interne Unternehmenseinheit, manchmal jedoch Externe. Wie bereits im Vorhinein beschrieben, handelt es sich bei Quadromo um eine generische Methode, die auf vielfache Weise einsetzbar ist. Sie können Geschäftsmodelle entwickeln, bei dem ein Unternehmen und ein Endkunde abgebildet werden. Es besteht aber auch die Möglichkeit, ein Geschäftsmodell zu erarbeiten, bei dem ein Lieferant und ein Unternehmen dargestellt werden, welche für die neue Dienstleistung zusammen arbeiten müssen. Es sind zahlreiche Konstellationen denkbar. Für Sie ist es daher wichtig, im Vorhinein zu klären, welche Konstellationen abgebildet werden sollen. Nur dann ist es Ihnen möglich, den Workshop in diese Richtung zu leiten und auch vorzubereiten.

▶   Überlegen Sie sich die Geschäftsmodell abzubildenden Akteure, um
        sich auf eine geeignete Moderation vorzubereiten.

Nachdem Sie sowohl inhaltlich als auch strukturell den Workshop vorbereitet haben, geht es nun darum, die notwendigen Materialien vorzubereiten, um den Workshop professionell begleiten zu können. Im Folgenden werden wir Ihnen daher die aus unserer Sicht notwendigen Bestandteile vorstellen.

4. Wie sind die notwendigen Materialien vorzubereiten?
Für einen Workshop eignen sich verschiedene Materialien, wobei es generelle Workshop-Utensilien gibt und Quadromo-spezifische Materialien. Zu den generellen Workshop-Utensilien zählen alle Bestandteile eines Moderationskoffers. Hierbei handelt es sich insbesondere um verschiedene Arten von Moderationskarten (selbstklebend), Markern und ähnliches.
    Zu den Quadromo-spezifischen Utensilien zählt insbesondere der Gestaltungsrahmen mit den Bereichen und Ebenen. Um zu vermeiden, dass unnötig Zeit damit verbracht wird, die Struktur des Modells aufzuzeichnen, empfiehlt es sich für die professionelle Durchführung eines solchen Workshops, den Gestaltungsrahmen der Methode vorweg auszudrucken und in Abhängigkeit der Gruppenanzahl zu vervielfachen. In der Praxis hat sich gezeigt, dass es für die Modellierer am einfachsten ist, wenn das Modell eine Größe von ca. DIN A0 hat.

3.3.2 Was Sie während des Workshops beachten sollten

Neben den wesentlichen Aufgaben, die Sie im Vorhinein eines Workshops abarbeiten sollten, möchten wir Ihnen zusätzlich ein paar Hinweise für die Durchführung eines Workshops geben. Diese Hinweise stammen aus unserem Erfahrungsschatz und sollen Ihnen die Durchführung eines erfolgreichen Workshops ermöglichen. Die vier Hinweise adressieren die Art der Durchführung, den Umgang mit den

Teilnehmern sowie den Umgang mit der Methode und werden im Folgenden genauer beleuchtet.

1. Mehr moderieren als steuern

Als erster Leitsatz für die Durchführung eines Workshops mit der Quadromo-Methode in der Rolle als externer Moderator gilt: *Sie sind Moderator – kein Teilnehmer.* Dieser Grundsatz ist entscheidend für den Erfolg des Workshops. Häufig verselbständigt sich ein solcher Workshop von allein, die Modellerstellung kommt ins Stocken oder der Enthusiasmus aller Beteiligten ist so hoch, dass Sie das Gefühl haben, aktiv an der Gestaltung mitzuwirken. Dies gilt es zu vermeiden. Das Ziel eines Moderators ist es vor allem die zielgerichtete Anwendung der Methode zu unterstützen. Auch wenn Sie sich im Vorhinein über die relevanten Rahmenbedingungen informiert haben, so ist das Expertenwissen bei den Teilnehmern und nicht bei Ihnen verankert.

Das Wissen, welches Sie durch Vorgespräche haben, müssen Sie so einsetzen, dass der Modellierungsprozess unterstützt wird. Hierbei können Sie insbesondere durch Leitfragen einen etwaigen Stillstand umgehen. Weisen Sie die Teilnehmer auf die Ziele der Methode und der einzelnen Aspekte geschickt hin und führen Sie diese durch den gesamten Modellierungsprozess. Vermeiden Sie dabei insbesondere, eigene Ideen vorzuschlagen oder die Teilnehmer auf Ihren Lösungsansatz hin zu beeinflussen. Versuchen Sie vielmehr, den Teilnehmern die methodischen Möglichkeiten aufzuzeigen und lassen Sie diese die inhaltlichen Alternativen selber erarbeiten und evaluieren.

Ihre Aufgabe besteht darin, methodisches Unwissen durch Informationen auszugleichen und den Weg zum Geschäftsmodell zu betreuen. Im Fall einer aktiven Teilnahme Ihrerseits laufen Sie Gefahr, dass Ihre Beeinflussung letztlich zu einem Geschäftsmodell führt, welches nicht den Wünschen und Zielen des Unternehmens entsprechen – auch wenn es in Ihren Augen ein gutes Modell ist. Außerdem verlieren Sie, wenn Sie einmal selbst Ihre Ideen aktiv vertreten haben, Ihre Neutralität und werden oft von den Teilnehmenden in der Rolle als Moderator nicht mehr voll akzeptiert.

▶   Verhaltensregeln zur Durchführung eines Workshops mit der Quadromo-Methode:
  - Sie sind methodischer Experte – nicht inhaltlicher Experte.
  - Halten Sie sich während des Modellierungsprozesses inhaltlich immer im Hintergrund.
  - Zeigen Sie den Teilnehmern Möglichkeiten auf, die die Methode bietet.

- Stellen Sie Leitfragen, um die Teilnehmer zu unterstützen.
- Führen Sie die Teilnehmer durch die verschiedenen Phasen des Modellierungsprozesses.
- Bremsen Sie die Teilnehmer in Ihrer Kreativität nur dann, wenn Sie die Methode falsch anwenden, es zu zeitlichen Engpässen kommt oder das generelle Ziel des Workshops aus den Augen verloren wird.

2. Fokus auf das Wesentliche richten

In Ihrer Funktion als Moderator obliegt Ihnen die Aufgabe, die Teilnehmer durch den Modellierungsprozess zu leiten. Wie bereits im vorangegangenen Hinweis aufgeführt, besteht dabei häufig die Gefahr, dass die Teilnehmer den Fokus des Workshops aus den Augen verlieren.

Bei einem Gruppenworkshop ist es notwendig, die Kontrolle und eine gewisse Struktur beizubehalten. Eine Vielzahl an Teilnehmern führt zu einer Vielzahl an Meinungen und – vor allem – Ideen. Diese Ideen werden ad hoc und unstrukturiert durch die Teilnehmer entwickelt. Dies kann zur Folge haben, dass unterschiedliche Meinungen und Ideen die Entwicklung eines einzigen Geschäftsmodells, das alle Ideen vereint, verhindert.

Tritt somit der Fall ein, dass die Teilnehmer versuchen, ihre generellen Ideen den anderen zu vermitteln oder in langatmige Diskussionen über die Sinnhaftigkeit einzelner Ideen verfallen, so besteht die Gefahr, dass der Modellierungsprozess selbst zum Erliegen kommt. Diese Entwicklungen können einen Misserfolg des gesamten Workshops mit sich führen, da damit einhergehend die Motivation der Teilnehmer sowie letztlich die Qualität des Geschäftsmodells leiden.

Um dies zu vermeiden, sollten Sie die Teilnehmer stetig auf das Wesentliche aufmerksam machen. Was ist das Ziel des Unternehmens? Was ist das Ziel des Workshops? Warum wird das neue Geschäftsmodell entwickelt? Was soll durch das neue Geschäftsmodell erreicht bzw. verändert werden?

Im Falle unterschiedlicher Ideen können Sie die Entwicklung von Alternativmodellen vorschlagen. Zudem ist es ratsam, die Teilnehmer dazu zu bringen, die geplante Dienstleistung zunächst generell zu überdenken und dann mit den einzelnen Prozessschritten zu beginnen. In vielen Fällen führt das schrittweise Vorgehen letztlich zu der Auswahl der besten Alternative, da auf einer detaillierten Ebene, wie in dem Prozess-Bereich von Quadromo verschiedene Begebenheiten offensichtlich werden, die zum Entschluss für eine Alternative beitragen.

▶   Kreativität ist ein unstrukturierter Prozess; versuchen Sie als Moderator durch die Struktur der Methode Quadromo ein System in den Entwicklungsprozess zu bringen.

3. Zeitliche Richtlinien einhalten

Ein wesentlicher Faktor, der ebenfalls über Erfolg oder Misserfolg eines Workshops entscheidet, ist die Einhaltung von zeitlichen Vorgaben. Wie Sie bereits zuvor erfahren haben, ist der Detaillierungsgrad des Geschäftsmodells durch den Modellierer frei bestimmbar. Diese Freiheit hat zur Folge, dass je detaillierter ein Modell wird, umso mehr Zeit für die Erstellung des Modells benötigt wird. Ebenfalls ist die benötigte Zeit abhängig von der gegebenen Komplexität des Geschäftsmodells. Während das bereits aufgeführte Beispiel der Haarwäsche beim Frisör eventuell nur wenige Prozessschritte und direkt offensichtliche notwendige Bestandteile hat – somit also, einfach und schnell modellierbar ist – gibt es sicherlich auch komplexere Dienstleistungsprozesse, die mehr Zeitaufwand bedürfen.

Ein weiterer relevanter Einflussfaktor auf die Zeit ist die Größe der Gruppe. Während eine kleine Gruppe vermutlich wenig Zeit benötigt, um eine Einigung zu finden, kann eine große Gruppe leicht zu Diskussionen führen. Unabhängig von der Größe kann es zudem sein, dass eine eher heterogene Gruppe an Teilnehmern (beispielsweise Teilnehmer aus unterschiedlichen Fachbereichen) allein für Verständigungszwecke und Erklärungszwecke mehr Zeit beansprucht.

Innerhalb eines Workshops hat dies zur Folge, dass Sie in Ihrer Funktion als Moderator die zeitliche Einschränkung berücksichtigen und den Teilnehmern vermitteln müssen. Da Workshops generell zeitlich terminiert sind (was Sie im Vorhinein mit dem Veranstalter abgeklärt haben sollten), besteht Ihre Aufgabe darin, die Teilnehmer so durch den Modellierungsprozess zu leiten, dass Sie die zeitlichen Vorgaben einhalten.

Um dies zu ermöglichen, sollten Sie sich im Vorhinein einen zeitlichen Plan erstellen und maximale Bearbeitungszeiten festlegen. Beachten Sie dabei die verschiedenen Phasen, die Sie während eines Workshops vollziehen müssen.

► **Notwendige Phasen eines Workshops:**
Vorstellung:
1. Vorstellung des Ziels des Workshops
2. Vorstellung der Methode
3. Beispielhafte Anwendung der Methode
4. Zuteilung der Gruppen
Modellierung:
5. Modellierung des Geschäftsmodells
6. Ergebnispräsentation
Nachbereitung:
7. Diskussion der Ergebnisse

Alle Phasen benötigen einen gewissen Anteil an Zeit. Sie sollten insbesondere für die letzten Punkte, der Modellierung, geeignete Zeitfenster einplanen. Diese Zeitfenster sollten Sie dann während des Modellierungsprozesses durchsetzen, sodass letztlich ein finales Modell innerhalb des Workshops erstellt werden kann.

Generell sollten Sie die Teilnehmer eines Workshops während des Modellierungsprozesses auf den folgenden Grundsatz aufmerksam machen: Es geht darum, einen ersten Überblick über eine etwaige Realisierung des Geschäftsmodells zu erlangen und nicht darum, eine finale detaillierte Lösung zu erarbeiten. Quadromo dient der Entwicklung eines ersten Eindrucks, nicht zur Erstellung eines detaillierten Business Cases. Daher ist es besser, sich auf das Wesentliche zu konzentrieren, als sich in Details zu verlieren.

4. Strukturelle Richtlinien einhalten

Die Quadromo-Methode dient dazu, eine grundlegende Struktur für die Entwicklung eines Geschäftsmodells bereit zu stellen. Diese Struktur kann aber nur dann hilfreich sein, wenn die vorgeschlagenen Richtlinien auch eingehalten werden.

Generell ist die Arbeitsrichtung bei Quadromo von rechts nach links. Dies bedeutet, dass Sie zunächst den Nutzen identifizieren, dann den Prozess modellieren, den einzelnen Prozessschritten dann Ressourcen zuordnen und letztlich die Kosten und Erlöse ermitteln. Diese Struktur kann selbstverständlich auch unterbrochen werden – beispielsweise könnte Ihnen ein notwendiger Zwischenschritt erst während der Ressourcenbetrachtung einfallen. Nichtsdestotrotz sollte anhand der vorgegebenen Struktur vorgegangen werden.

Innerhalb des Workshops bedeutet dies, dass Ihre Aufgabe als Moderator darin besteht, die Teilnehmer entlang der Methode und der vorgeschlagenen Struktur zu führen. Auch wenn es im ersten Moment vielleicht nicht direkt ersichtlich ist, warum man sich mit dem Nutzen beschäftigen soll, so sollten Sie dies den Teilnehmern als Schrittfolge nahe legen.

Ein unstrukturiertes „hin und her hüpfen" führt zu einem unstrukturierten Geschäftsmodell. Nutzen Sie daher die Ihnen verfügbare Reihenfolge und leiten Sie die Geschäftsmodellerstellung entlang der einzelnen Schritte.

Fallbeispiele zum Service Design

4

Zusammenfassung

'Verschiedene Unternehmen haben die Quadromo-Methode bereits erfolgreich eingesetzt. Dieses Kapitel gibt drei reale Anwendungsbeispiele und erläutert so spezifische Herausforderungen, Erkenntnisse und Varianten in der Methodenanwendung.

Praxis ohne Theorie leistet immer noch mehr als Theorie ohne Praxis. (Marcus Fabius Quintilianus)

4.1 Technische Dokumentationen on-demand mit PRINT

4.1.1 Ausgangssituation

Unternehmens- und Marktsituation PRINT ist eine Online-Druckerei für Geschäfts- und Gewerbekunden. Das Unternehmen hat sich auf hochwertigen Digitaldruck von komplexen Druckformaten spezialisiert, wie zum Beispiel Geschäftsberichte, Romane in Erstauflage, Forschungsberichte oder Speisekarten. PRINT hatte zum Zeitpunkt des Workshops eine turbulente Umbruchphase hinter sich: Das Unternehmen wurde von einem Mitbewerber im Bereich der Online-Druckereien aufgekauft, wobei das Leistungsportfolio von PRINT (Fokus auf Geschäftskunden bzw. B2B) das Leistungsportfolio des neuen Mutterunternehmens (Fokus auf Endkunden bzw. B2C) ergänzt. Vor dem Hintergrund dieser Unternehmensfusion bestand für PRINT die Herausforderung, sich mit dem eigenen Geschäft im

Gesamtkonzern zu positionieren und den ehrgeizigen Wachstumsansprüchen des neuen Mutterkonzerns zu genügen. Das Online-Printgeschäft arbeitet zumeist mit sehr kleinen Margen. Zudem existiert eine starke Konkurrenzsituation, in der sich PRINT als Premium-Dienstleister behaupten muss. Das Ziel von PRINT war daher eine **Umsatzsteigerung** auf der Basis neuer, innovativer Print-Services. Im Unternehmen kursierten bereits seit einiger Zeit drei Geschäftsideen mit Bezug zu dieser Neuausrichtung. Viele Mitarbeiter, insbesondere aus dem Bereich der operativen Prozessabwicklung, hatten bereits eine genaue Vorstellung davon, wie die neuen Dienstleistungen für den Kunden erbracht werden könnten. Dennoch befand sich dieses Wissen ausschließlich in den Köpfen der Mitarbeiter. Im Rahmen eines Innovationsworkshops sollten diese Ideen mit Hilfe der Quadromo-Methode strukturiert festgehalten werden (Tab. 4.1).

Ziel des Workshops Das übergeordnete Ziel des Workshops mit Quadromo war die Erarbeitung einer Entscheidungsgrundlage, auf Basis derer PRINT sagen kann: „Grünes Licht, diese Geschäftsidee verfolgen wir weiter", oder „Rotes Licht, diese Idee ist für uns ungeeignet". Quadromo sollte im Kern bei fünf Dingen helfen:

1. Die existierenden Geschäftsideen sollten aus den Köpfen der Mitarbeiter **expliziert** und zu Papier gebracht werden.
2. Es sollte analysiert werden, inwiefern die Geschäftsideen im Einklang mit der erhofften **Positionierung im Mutterkonzern** stehen.
3. Die Ideen sollten daraufhin überprüft werden, ob diese für das Unternehmen realistisch, d. h. mit **realistischem Ressourceneinsatz** und mit vorhandenem Know-how umsetzbar sind.
4. Die Methode sollte dabei helfen, die Geschäftsideen kritisch zu reflektieren, um deren **Komplementarität zum existierenden Leistungsportfolio** zu überprüfen.
5. Die Geschäftsideen sollten auf **potenzielle Rentabilität** überprüft werden.

Tab. 4.1 Kurzcharakterisierung des Fallbeispiels PRINT

Branche:	Online-Druck
Unternehmensgröße:	KMU
Entwickelter Dienstleistungstyp:	Digitale, produktbegleitende Dienstleistung
Innovationsauslöser:	Neupositionierung im Mutterkonzern
Workshop-Beteiligte:	Geschäftsführung, Experten der operativen Prozessabwicklung, Mitarbeiter aus dem Bereich Finanzen, IT-Experten

Beteiligte Rollen Am Workshop waren verschiedene Mitarbeiter beteiligt, die unterschiedliche Perspektiven auf die zu entwickelnden Geschäftsideen einnahmen:

- **Vertreter der Geschäftsführung,** sowohl aus dem Mutterkonzern, als auch von PRINT selbst nahmen eine unternehmensstrategische Sichtweise auf die Geschäftsideen ein.
- **Experten der operativen Prozessabwicklung** hatten ihren Fokus auf der Einschätzung der operativen Machbarkeit der Geschäftsideen, vor dem Hintergrund ihrer Expertise in den Abläufen von der Auftragserteilung bis zur Produktzustellung.
- **Mitarbeiter aus dem Bereich Finanzen** brachten ihre Expertise zur Einschätzung der potenziellen Rentabilität der neuen Geschäftsideen ein. Die Basis hierfür war die genaue Kenntnis der Kosten-, Erlös-, und Ertragsstruktur der einzelnen Dienstleistungen von PRINT.
- **IT-Experten** verfügten über Know-how zur technischen Umsetzbarkeit der neuen Geschäftsideen. Dabei brachten die Experten die genaue Kenntnis der Komplexität und Leistungsfähigkeit der existierenden IT in den Workshop ein.

Geschäftsidee Document Viewer Als Grundlage des Innovationsworkshops mit Quadromo bestanden bei PRINT mehrere Geschäftsideen, die jeweils als Geschäftsmodelle ausgearbeitet werden sollten. Im Folgenden wird die Ausarbeitung einer dieser Geschäftsideen (Document Viewer) mit Hilfe der Quadromo-Methode dargestellt. Das Modellierungsteam setzte sich aus einem Mitglied der Geschäftsführung, einer Mitarbeiterin aus dem Bereich Finanzwesen und einem IT-Experten zusammen.

Bei der Geschäftsidee **Document Viewer** sollen mit Hilfe einer Software, die von PRINT in Teilen bereits entwickelt wurde, technische Dokumentationen von Produktherstellern für den Endkunden komfortabel online angezeigt und Druckversionen der Dokumentation bestellt werden können. Die Software soll sich einfach in die bestehenden Webseiten der Produkthersteller integrieren lassen. Die Druckversionen werden, für den Endkunden transparent, von PRINT erstellt und zugestellt.

Beim Document Viewer handelt sich um eine besonders durch IT getriebene Innovation. Ob und wie diese Innovation „funktionieren" kann, erschloss sich für die Mitarbeiter von PRINT insbesondere aus den Nutzenbeiträgen der Innovation für den Kunden und für PRINT selbst.

4.1.2 Entwicklung der neuen Dienstleistung

Gemeinsames Verständnis der Geschäftsidee herstellen Zu Beginn der Modellierung wurde die Geschäftsidee im Team diskutiert und beschrieben, um ein gemeinsames Verständnis sicherzustellen. Dabei stellte sich ein wichtiger Punkt zur weiteren Modellierung heraus: Der Document Viewer ist eine Geschäftsidee, mit der PRINT einen unmittelbaren Kunden und einen mittelbaren Kunden anspricht. Unmittelbare Kunden sind die **Produkthersteller**, mittelbare Kunden die Kunden des Produktherstellers, die schließlich den Document Viewer benutzen und gegebenenfalls einen Druckauftrag erteilen, also die **Endkunden.** Beide Perspektiven auf die Geschäftsidee von PRINT stellten jeweils ein eigenes Geschäftsmodell dar und erforderten somit die Modellierung eines jeweils individuellen Prozesses: Dies war einerseits die Einbindung des Document Viewer in die Webseite des Produktherstellers und andererseits der Bestellprozess durch den Endkunden.

Das Modellierungsteam entschied, primär den Prozess im Zusammenspiel mit dem Produkthersteller als Geschäftsmodell auszuarbeiten. Es wurde erwartet, dass es sich hierbei um den weitaus komplexeren Prozess im neuen Geschäftsmodell handelt und dieser die unmittelbare Wertschöpfung der neuen Geschäftsideen am besten wiedergibt. Der Endkundenprozess wurde nur stark vereinfacht in einem weiteren Modell berücksichtigt.

Modellierung der Nutzenpotenziale Einstiegspunkt der Modellierung des Geschäftsmodells waren der Kunden- und Unternehmensnutzen. Das Modellierungsteam betrachtete zuerst den Kundennutzen, der sich für den Produkthersteller ergibt (Abb. 4.1).

- Der Produkthersteller könnte durch die Nutzung des Document Viewer die **Lagerbestände von gedruckten technischen Dokumentationen vollständig abbauen**, was erhebliche Kosteneinsparungen mit sich brächte.
- Durch den Druck nach Auftrag (print on-demand) würde stets die **aktuelle digitale Version der technischen Dokumentation** gedruckt. Bereits gedruckte und veraltete Versionen des Produktherstellers würden somit kein Problem mehr darstellen.
- Es bestünde die **Freiheit in der Preisgestaltung** der Print-Versionen der technischen Dokumentation. PRINT möchte den Produktherstellern unterschiedliche Bezahlmodelle ermöglichen, in denen dieser die Entscheidung treffen kann, ob die Zahlung der Print-Versionen vollständig zwischen PRINT und dem Endkunden abgewickelt wird, oder sich der Produkthersteller an den Kosten der Print-Version beteiligt.

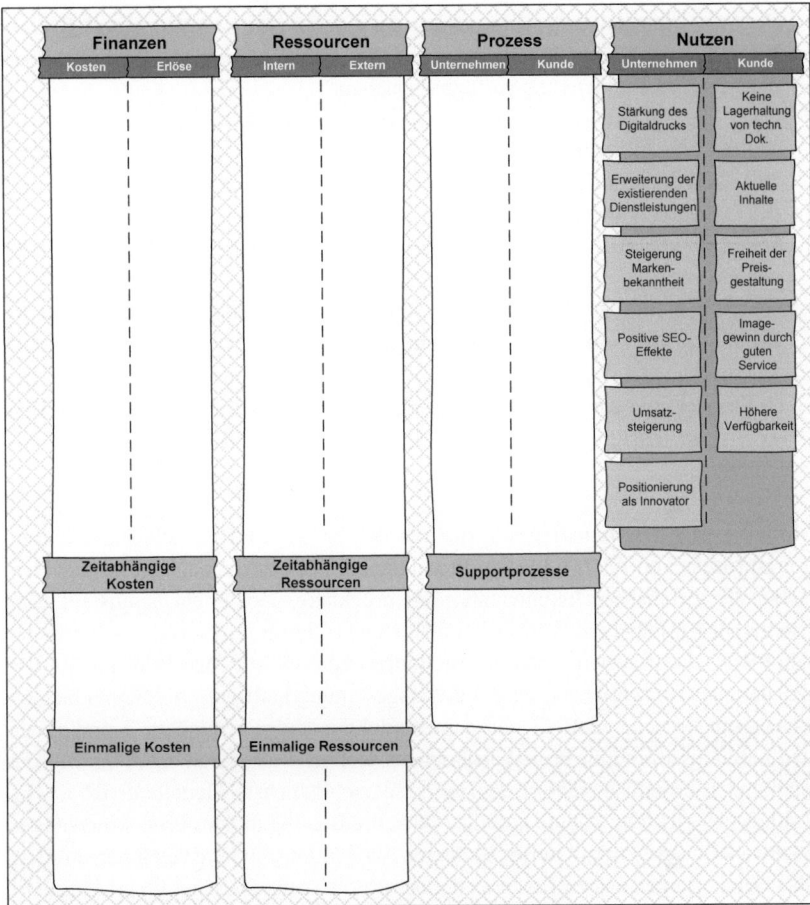

Abb. 4.1 Die Nutzenpotenziale des Geschäftsmodells „Document Viewer"

- Zusätzlich könnte der Produkthersteller durch Verwendung des Document Viewer einen **Imagegewinn** beim Endkunden erzielen indem ein guter Produkt-Support geboten wird. Schließlich würde der Document Viewer eine stetige Verfügbarkeit der technischen Dokumentationen ermöglichen.

Aus Sicht von PRINT wurden zahlreiche Unternehmensnutzen erarbeitet.

- Durch den Document Viewer könnte es PRINT gelingen, den **Digitaldruck** im eigenen Geschäftsbereich und im Mutterkonzern zu stärken.

- Die neue Dienstleistung würde zudem das existierende **Leistungsportfolio von PRINT sinnvoll ergänzen** und dabei bestehende Produkte und Leistungen einem neuen Kundenkreis verfügbar machen.
- Durch die Einbindung des Document Viewer auf den Websites von Produktherstellern könnte zudem die **Bekanntheit der Marke PRINT** gesteigert werden, was auch zu positiven Effekten im Bereich der **Suchmaschinenoptimierung (SEO)** führen könnte.
- Weiterhin könnte durch die neue Dienstleistung eine **Umsatzsteigerung** erzielt werden.
- Schließlich wäre PRINT in der Lage, sich gegenüber seinen Konkurrenten **als Innovator am Online-Printmarkt positionieren.**

Nach Entwicklung der Nutzenpotenziale des „Document Viewer" wurde der Prozess der Dienstleistung modelliert und diesem anschließend die Nutzenpotenziale zugeordnet.

Modellierung des Dienstleistungsprozesses Der geplante Dienstleistungserbringungsprozess von PRINT für den Produkthersteller beginnt damit, dass der Hersteller die technische Dokumentation als druckbares Dokument bereitstellt. Das Dokument wird über die Website zum Document Viewer hochgeladen. Mitarbeiter von PRINT konfigurieren dann Einstellungen zum Online- und Print-Layout des Dokumentes. Anschließend wird die Preisgestaltung konfiguriert. Hierbei handelt es sich um zwischen PRINT und dem Produkthersteller vereinbarte Konditionen und Zahlungsströme für Print-Versionen der technischen Dokumentation, die vom Endkunden bestellt werden. Dabei sind unterschiedlichste Modelle denkbar. Die Zahlungsabwicklung könnte komplett ohne die Beteiligung des Produktherstellers abgewickelt werden. Andererseits könnten Subventionsmodelle vereinbart werden, also Beteiligungen an den Kosten, oder der Produkthersteller übernimmt sämtliche Kosten der Printversion. Anschließend wird dem Produkthersteller ein Programmcode-Schnipsel auf der Website von PRINT zur Verfügung gestellt, der dann auf der eigenen Website des Herstellers an entsprechender Stelle eingefügt wird. Der Document Viewer wird somit auf einfache Weise in die Online Anwendung des Produktherstellers eingebunden. Für den Endanwender ist es nicht ersichtlich, dass die Software von Dritten stammt (Abb. 4.2).

Die nachfolgenden Aktivitäten „Bestellung" und „Abrechnung" sind Bestandteile des Endkundenprozesses und vereinfachen diesen stark. Es handelt sich hierbei also um den Bestellprozess einer Printversion der technischen Dokumentation durch den Endkunden.

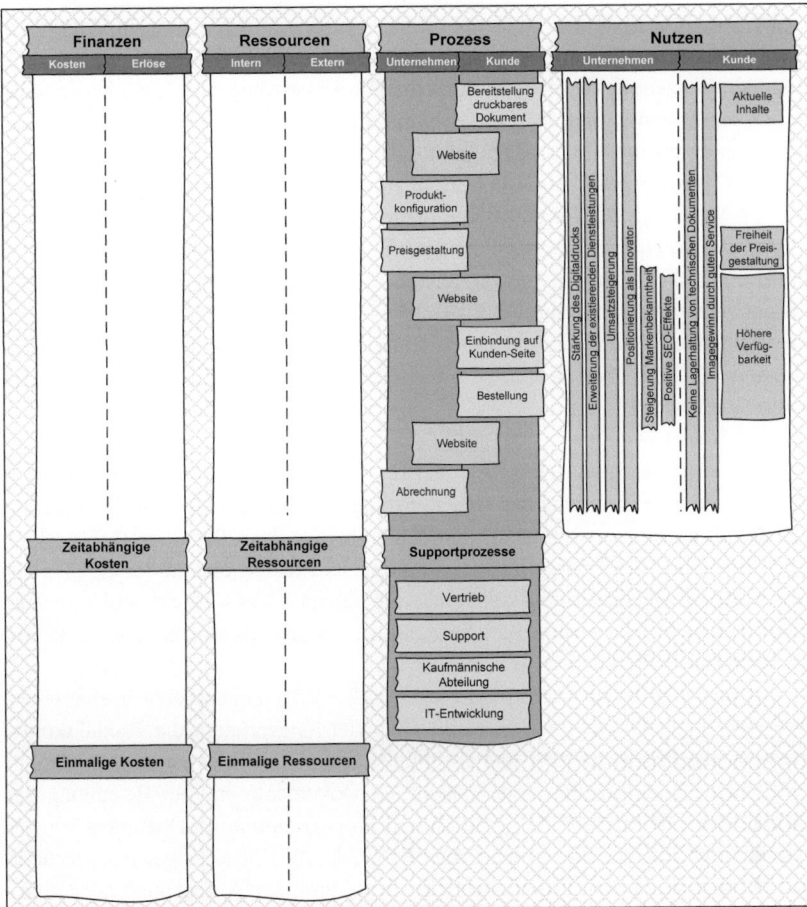

Abb. 4.2 Der Prozess des Geschäftsmodells „Document Viewer"

Die Modellierer bei PRINT entschieden, dass verschiedene zentrale Funktionen zur Durchführung der Dienstleistung benötigt werden. Hierzu zählt der Vertrieb zum Anwerben neuer Produkthersteller, der Support für die Unterstützung bei technischen Problemen zur Einrichtung des Document Viewers auf den Websites des Produktherstellers sowie die kaufmännische Abteilung zur Abwicklung der Kundenaufträge. Weiterhin gingen die Workshop-Teilnehmer davon aus, dass der Document Viewer stetig weiterentwickelt werden muss. Hierzu wird die IT-Entwicklungsabteilung benötigt.

Die zuvor erarbeiteten Nutzenpotenziale wurden im Workshop im Anschluss den Prozessaktivitäten zugeordnet. Aus Sicht des Produktherstellers ergeben sich folgende Nutzeneffekte (Kundennutzen): Die Einsparung von Lagerkapazitäten der Druckversionen und der Imagegewinn durch guten Service für den Produkthersteller ergeben sich aus der gesamten Dienstleistung und damit durch den gesamten Erbringungsprozess. Die Verfügbarkeit von stets aktuellen Dokumentationen ergibt sich aus der Bereitstellung aktueller digitaler Versionen durch den Produkthersteller. Die Freiheit der Preisgestaltung wird im Rahmen der Aktivität der Preisgestaltung im Prozess gewährleistet. Eine höhere Verfügbarkeit der Druckversionen ergibt sich aus der Einbindung des Document Viewer in die Website des Produktherstellers und der ständigen Bestellmöglichkeit durch den Endkunden. Die hohe Verfügbarkeit ist somit ein Kundennutzen für den Produkthersteller und seinen Endkunden.

Modellierung der benötigten Ressourcen PRINT entschied sich, keine externen Ressourcen zur Erbringung der Dienstleistung Document Viewer in Anspruch zu nehmen. Einerseits verfügt das Unternehmen bereits über die nötige Infrastruktur zur Abwicklung der Print-Aufträge. Andererseits existiert eine in der eigenen IT-Abteilung entwickelte Alpha-Version des Document Viewer. Da die Software zentraler Bestandteil der neuen Dienstleistung ist, wurde entschlossen, dieses Wissen im Haus zu behalten und weiterzuentwickeln.

Entsprechend ist im Quadromo-Framework der Document Viewer eine wichtige Ressource. Dieser unterstützt im Dienstleistungsprozess die Produktkonfiguration, die Preisgestaltung und anschließend die vom Endkunden in Anspruch genommene Funktionalität zum Ansicht der Dokumente und zur Bestellung der Dokumente. Die Produktkonfiguration und Preisgestaltung im Document Viewer erfolgt durch einen Sachbearbeiter von PRINT, der die Einstellungen entsprechend der Absprache mit dem Produkthersteller vornimmt. Die Abrechnung der Druckaufträge von Endkunden soll mit Hilfe existierender CRM-Systeme von PRINT gelöst werden, was wiederum durch einen Sachbearbeiter geleistet wird.

Insgesamt werden für die Durchführung des Prozesses und die Wahrnehmung zentraler Funktionen Vertriebsmitarbeiter, Mitarbeiter im Support und kaufmännische Mitarbeiter benötigt. Zur stetigen Weiterentwicklung des Document Viewer wird ein Mitarbeiter der IT-Entwicklung benötigt. Diese Ressourcen werden als interne zeitabhängige Ressourcen modelliert (Abb. 4.3).

Modellierung der Profitabilität PRINT hat sich dazu entschlossen, das Modell so zu gestalten, dass die Erträge ausschließlich aus Endkundenaufträgen generiert werden. Die Verwendung des Document Viewer ist daher für den Produkthersteller

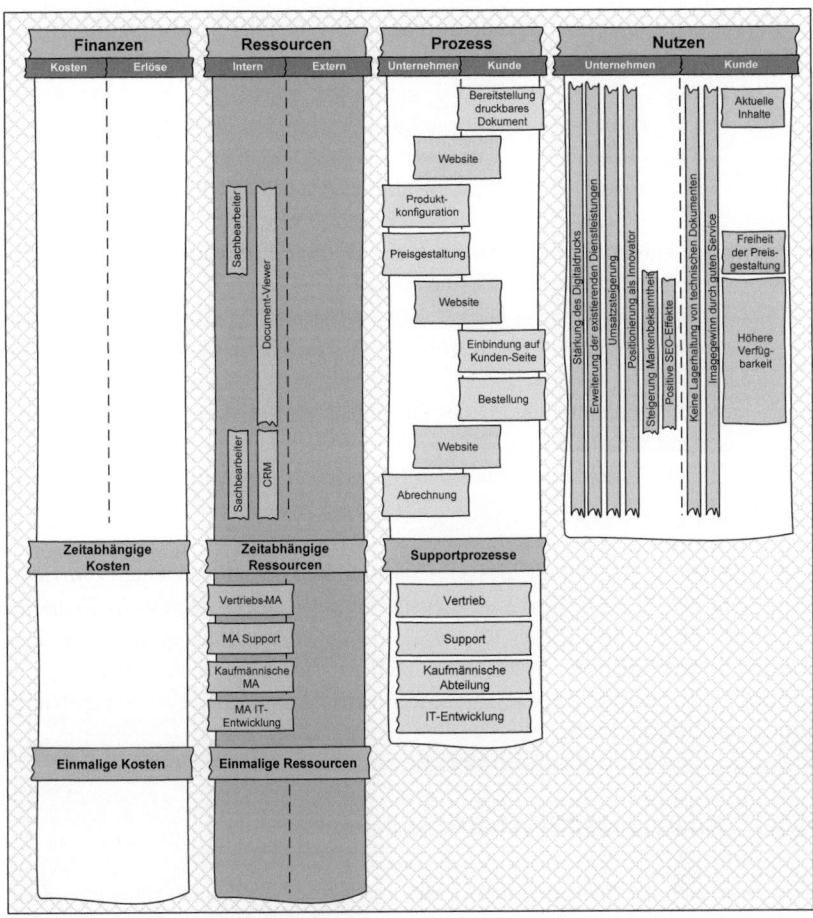

Abb. 4.3 Die Ressourcen des Geschäftsmodells „Document Viewer"

kostenlos. Abschließend wurde auf Basis des erarbeiteten Modells eine Erlösschätzung vorgenommen.

- Es wurde kalkuliert, das der Sachbearbeiter im Schnitt 30 min zu einem Stundensatz von 20 EUR zur Produktkonfiguration und Preisgestaltung benötigt. Hieraus ergeben sich **Aktivitätskosten** von 10 EUR. Für die weitere Kostenkalkulation ist dieser Posten jedoch vernachlässigbar. Die Konfiguration erfolgt nur einmalig pro druckbarem Dokument.

- Zur Abrechnung eines Endkundenauftrages benötigt der Sachbearbeiter 15 min bei einem Stundensatz von 20 EUR. Daher ergeben sich **Aktivitätskosten** von 5 EUR.
- Von den Modellierern wurde weiterhin angenommen, dass das durchschnittliche Umsatzvolumen eines Auftrags eines Endkunden im Schnitt 40 EUR beträgt. Somit ergibt sich ein **Deckungsbeitrag** von 35 EUR pro Prozessdurchlauf.
- Weiterhin wurden für die Mitarbeiter aus Vertrieb, IT-Support und kaufmännischer Abteilung jährliche **Fixkosten** kalkuliert. Es wurde mit einer monatlichen Auslastung durch die neue Dienstleistung von 10 % der Arbeitszeit ausgegangen. Aus dem jeweiligen Jahresgehalt ergaben sich daraus 8.000 EUR respektive 6.000 EUR.
- Zu stetigen Weiterentwicklung des Document Viewer wurde davon ausgegangen, dass ein Mitarbeiter der IT 50 % seiner Arbeitszeit einsetzen muss. Hieraus ergibt sich bei einem entsprechenden Jahresgehalt ein Betrag von 30.000 EUR (Abb. 4.4).

Die tatsächliche Rentabilität des Geschäftsmodells hängt von einer **zentralen Annahme** ab: Wie oft wird die Dienstleistung in einem gegebenen Zeitraum abgesetzt? PRINT ging davon aus, dass pro Tag 20 Bestellungen durch den Document Viewer eingehen. Somit ergibt sich ein jährlicher Deckungsbeitrag von 255.500 EUR. Nach Abzug der jährlichen Fixkosten ergibt sich ein zu erwartender Ertrag von 205.500 EUR.

4.1.3 Analyse des Geschäftsmodells

Wie zu Beginn der Fallstudie dargestellt, verfolgte PRINT unterschiedliche Zielsetzungen mit der Modellierung des Geschäftsmodells mit der Quadromo-Methode. Nachfolgend wird dargestellt, inwiefern PRINT aus Sicht der Workshop-Teilnehmer diese Zielsetzungen erreicht hat und strategische Entscheidungen getroffen werden konnten.

Dokumentation der Geschäftsideen Die Geschäftsideen sollten mit ihren Details aus den Köpfen der Mitarbeiter zu Papier gebracht werden. Quadromo ermöglichte einen interaktiven Gruppenprozess, bei dem Mitarbeiter eigene Vorstellungen gemeinsam diskutieren und strukturiert dokumentieren konnten. Die Ausrichtung aller Perspektiven des Geschäftsmodells auf den Dienstleistungsprozess bot den Gruppenmitgliedern Orientierung im Gruppenprozess. Das Wissen der Mitarbeiter wurde pro Geschäftsidee in einem Quadromo-Modell dokumentiert. In einem

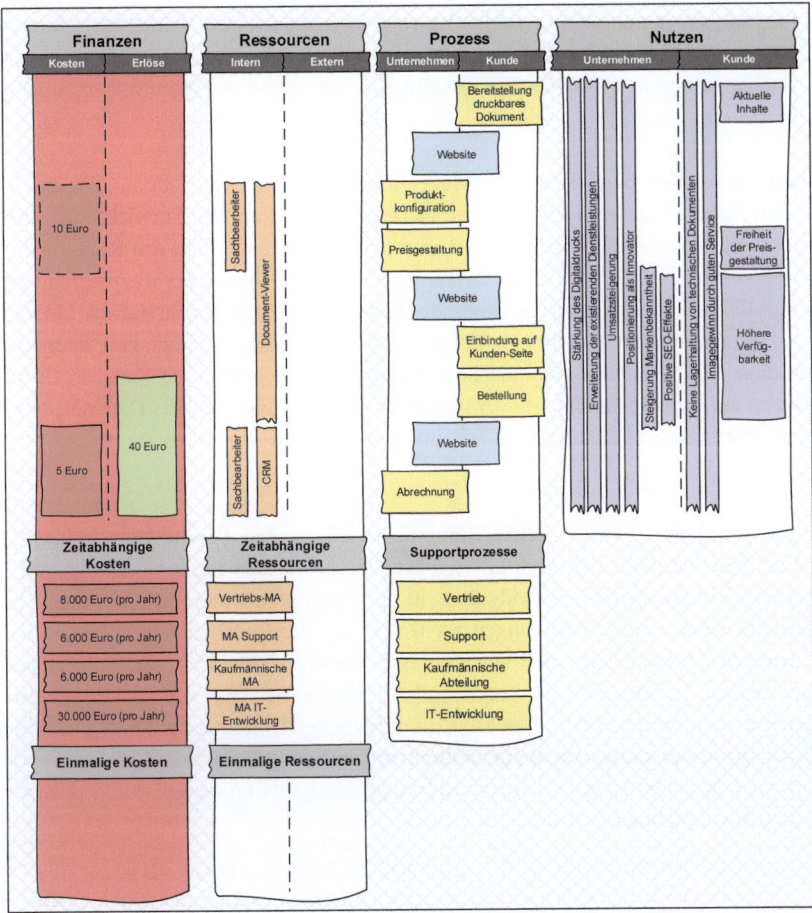

Abb. 4.4 Die Rentabilität des Geschäftsmodells „Document Viewer"

eintägigen Workshop konnte somit eine aussagekräftige Entscheidungsgrundlage
entwickelt werden.

> Originalzitat: „Bei der Arbeit mit Quadromo wurden alle Workshop-Teilnehmer gut
> einbezogen. Die Methode regt an, die Geschäftsidee zu hinterfragen. Man fühlt sich
> nicht alleine gelassen."

Bewertung der Positionierung im Mutterkonzern Die Geschäftsideen sollten
in Hinblick auf ihren Beitrag zur Positionierung im neuen Mutterkonzern überprüft werden. Diese Bewertung wurde in der Geschäftsmodellentwicklung mit

Quadromo vorbereitet und erfolgte dann schließlich nach dem Workshop in Strategiesitzungen. Insbesondere die zu erwartenden Kunden- und Unternehmensnutzen
erlaubten eine Einschätzung der Geschäftsideen in Hinblick auf die Wahrnehmung
am Markt.

Bewertung des benötigten Ressourceneinsatzes Die Abschätzung der benötigten Ressourcen ist eine besondere Herausforderung bei der Entwicklung eines
Geschäftsmodells. Nicht nur die Art, sondern auch der Umfang des Ressourceneinsatzes ist eine wichtige Voraussetzung für die Einschätzung der Realisierbarkeit
eines dienstleistungsbasierten Geschäftsmodells. Die Prozesssicht auf die Dienstleistungsinnovation und die darauf aufsetzende Ressourcensicht in Quadromo
erlaubte PRINT eine systematische Identifikation der benötigten Ressourcen. In
Bezug auf den Document Viewer wurde festgestellt, dass sich die Dienstleistung
mit absehbarem Aufwand und mit im Unternehmen vorhandenem Know-how
umsetzen lässt.

Bewertung der Komplementarität zum existierenden Produktportfolio Der
inhaltliche Vergleich der unterschiedlichen Geschäftsideen wurde durch die strukturierte Erfassung der Geschäftsideen in der Quadromo-Methode vereinfacht. In
anschließenden Strategiesitzungen zur Bewertung der Geschäftsmodelle konnten,
auf Basis dieses einheitlichen Verständnisses der Geschäftsideen, die Beiträge der
neuen Dienstleistungen zum existierenden Portfolio bewertet werden. Der Document Viewer erlaube PRINT eine Positionierung des Unternehmens als Innovator.
Auch wenn sich dieser Aspekt nicht direkt ertragswirksam erfassen lässt, so erwartet das Unternehmen dennoch eine Stärkung seiner Marktposition durch positive
Kundenwahrnehmung.

> Originalzitat: „Voraussetzung für die erfolgreiche Arbeit mit Quadromo ist die gute
> Idee und der dazugehörige Wissensgrad. Bei optimaler Zusammensetzung der Teil-
> nehmer lässt sich schnell ein Ergebnis ausarbeiten."

Rentabilität Viele Geschäftsideen werden nach einem einzigen Kriterium
beurteilt: dem zu erwartenden Erlös. Für eine Erlösschätzung werden umfang-
reiche Informationen zum neuen Geschäftsmodell benötigt, wobei zahlreiche
Annahmen getroffen werden müssen. Für das Unternehmen PRINT hat Quadromo
dabei geholfen, wesentliche Kosten- und Erlöstreiber des Geschäftsmodells zu
entwickeln und entsprechende finanzielle Abschätzungen systematisch abzulei-
ten. Das Erlösmodell ist schließlich das Produkt strukturierter Gruppenarbeit und
erfährt damit auch eine höhere Akzeptanz als individuelle Abschätzungen. Für
das Geschäftsmodell Document Viewer ergibt sich auf der Basis der Schätzung
mit Quadromo ein zu erwartender jährlicher Gewinn von 205.500 EUR. Weitere

Erlöse der Geschäftsidee lassen sich aus indirekt ertragswirksamen Nutzenpotenzialen ableiten. Wichtige Unternehmensnutzen sind dabei für PRINT positive SEO-Effekte und die Steigerung der Markenbekanntheit. Beide Aspekte können positive Effekte auf den Umsatz existierender Produkte haben. Natürlich ist zur abschließenden Bewertung der Geschäftsidee weiterhin ein umfassender Business Case notwendig.

Originalzitat: „Die Kommunikation und Diskussion unter den Teilnehmern wurde durch das Modell angeregt. Quadromo ist ein sehr gutes Tool zur Strukturierung."

4.2   Komplettservice für Namensschilder mit OFFICE

4.2.1   Ausgangssituation

Unternehmens- und Marktsituation OFFICE ist ein mittelständisches Unternehmen und seit über 70 Jahren in der Papier-, Büro- und Schreibwarenbranche tätig. Mit mehr als 400 Mitarbeitern an vier Standorten innerhalb Deutschlands und einem jährlichen Umsatz von über 80 Mio. € zählt es zu den größten deutschen Unternehmen in diesem Markt. Neben insgesamt mehr als 60 Vertriebsbüros in verschiedenen europäischen Ländern sowie den USA besitzt das Unternehmen weitere Produktionsstandorte in Polen und den Niederlanden. Weltweit sind im Unternehmen insgesamt 700 Mitarbeiter angestellt. Das Umfeld von OFFICE weist eine vergleichsweise geringe Dynamik auf. Der Produktlebenszyklus innerhalb der Branche ist relativ lang. OFFICE operiert in Nischenbereichen und macht ca. 30 % seines Umsatzes mit Produkten, die in den letzten 5 Jahren neu auf den Markt gekommen sind. Auch in der Produktentwicklung fokussiert das Unternehmen eher kleine Änderungen wie beispielsweise die Anpassung des Designs von etablierten Artikeln. Dennoch ist das Umfeld in den letzten Jahren dynamischer geworden, da viele der Nischenmärkte inzwischen gesättigt sind.

Papier- und Schreibwaren werden zunehmend als austauschbar wahrgenommen. Es ist schwierig, sich als Unternehmen am Markt durch das Produkt an sich zu profilieren. Zwar ist auch Qualität ein Gesichtspunkt für den Kauf, jedoch sind viele Käufe hauptsächlich preisgetrieben. Ordner, Mappen und sonstige Waren sind seit Jahren unverändert, echte Produktinnovation ist schwierig zu realisieren. Darüber hinaus drängen immer mehr Billiganbieter aus Fernost auf den Markt, was die in Deutschland ansässigen Unternehmen zwingt, die Qualität ihrer Produkte in den Vordergrund zu stellen und besonders zu vermarkten. Dies ist eine komplexe Aufgabe in einem Markt mit Standardprodukten (Tab. 4.2).

Der Gedanke der Geschäftsführung war daher, produktbegleitende Dienstleistungen anzubieten, welche die existierenden Kernressourcen und -fähigkeiten des Unternehmens reflektieren. Um die Mitarbeiter in den Innovationsprozess einzubinden, wurde ein strukturiertes Vorgehen für die Ideenfindung und -ausarbeitung erarbeitet, das verschiedene Workshops umfasst. Dabei wurde in sechs Schritten vorgegangen:

1. Entwicklung mehrerer Ideen im Rahmen von klassischen Brainstorming-Workshops,
2. Verwendung von Quadromo zur qualifizierten Evaluation der Projektideen unter Einbezug beteiligter Mitarbeiter,
3. Aufbereitung der Ergebnisse für Entscheidungsträger als Entscheidungsunterstützung,
4. Entscheidung über Projektierung,
5. Detailanalysen mit Beteiligung relevanter Fachbereiche unter Verwendung von Echtdaten,
6. Entscheidung über Umsetzung durch Entscheidungsträger.

Ziel des Workshops Das konkrete Ziel des Quadromo-Workshops war schließlich die Evaluation einer Projektidee, die zuvor im Rahmen der Brainstorming-Sitzungen erarbeitet wurde. Im Wesentlichen ging es darum, die Umsetzbarkeit und Rentabilität der Idee abzuschätzen und eine Entscheidungsgrundlage für das Management zu schaffen. Dabei sollte ergebnisoffen vorgegangen werden, d. h. das Management wollte nicht zwangsläufig den neuen Service anbieten, sondern zunächst lediglich einen Überblick über dessen Potenzial gewinnen.

Beteiligte Rollen Während am Brainstorming-Prozess zunächst viele Mitarbeiter aus unterschiedlichen Abteilungen beteiligt waren, wurde der Quadromo-Workshop im Wesentlichen durch fünf Mitarbeiter durchgeführt.

Tab. 4.2 Kurzcharakterisierung des Fallbeispiels OFFICE

Branche:	Papier-, Büro-, und Schreibwaren
Unternehmensgröße:	Mittelständisches Unternehmen
Entwickelter Dienstleistungstyp:	Produktbegleitende Dienstleistungen
Innovationsauslöser:	Schwierige Marktlage durch wahrgenommene Austauschbarkeit der reinen Produkte
Workshop-Beteiligte:	Vertriebsmitarbeiter aus dem Bereich Sonderprodukte, Mitarbeiter aus dem IT Support, Mitarbeiter aus dem Online Marketing, Innovationsverantwortlicher des Unternehmens

- **Innovationsverantwortlicher.** Der Workshop wurde moderiert durch den Innovationsverantwortlichen des Unternehmens. Diese Stelle wurde vor etwa vier Jahren explizit geschaffen. Der Innovationsverantwortliche kümmert sich innerhalb des Unternehmens sowohl um stetige Weiterentwicklung und Prozessverbesserung, als auch um die Ausarbeitung und Überprüfung „radikalerer" Innovationsideen. Dabei nimmt er innerhalb des Unternehmens eher eine Vermittlerrolle zwischen dem Management und den Mitarbeitern ein. Dementsprechend fungierte er innerhalb des Quadromo-Workshops als Moderator und Methodenexperte. Er war somit für die Strukturierung und Umsetzung der Idee mit Hilfe der Methode verantwortlich und nicht für die eigentliche inhaltliche Ausarbeitung der Dienstleistungsideen.
- **IT-Mitarbeiter.** Um den IT Support und die dort nötigen Ressourcen für die neue Dienstleistung abschätzen zu können, wurde ein Mitarbeiter aus dem IT-Bereich am Workshop beteiligt.
- **Vertriebsmitarbeiter.** Mehrere Vertriebsmitarbeiter aus den Bereichen „Online" und „Sonderprodukte" nahmen ebenfalls am Workshop teil, um ihre Erfahrungen aus Kundengesprächen einzubringen. Durch den häufigen Kundenkontakt hatten diese Mitarbeiter bereits eine sehr klare Vorstellung von den Wünschen und Anforderungen der Kunden.

Geschäftsidee Namenschildservice Die Geschäftsidee, welche im Rahmen des Quadromo-Workshops detailliert werden sollte, war die eines Namensschildservice für Konferenzen und Tagungen. Dabei sollten Tagungsorganisatoren in der Vorbereitungsphase der Veranstaltungen online ein entsprechendes Design für die Schilder auswählen bzw. hochladen können. Zusätzlich hätten sie auf der entsprechenden Internetseite die Möglichkeit, eine Teilnehmerliste zur Verfügung zu stellen. OFFICE würde im Anschluss den Druck der Schilder, die Konfektionierung und Lieferung an den Tagungsort übernehmen. Zusätzlich wäre auch ein „Vor-Ort-Service" denkbar, bei dem ein Namensschilddrucker für kurzfristige Anmeldungen zur Verfügung gestellt würde. Im Folgenden wird die Ausarbeitung der Geschäftsidee „Namensschildservice" detailliert dargestellt.

4.2.2   Entwicklung der neuen Dienstleistung

Vorstellung der Idee durch den Ideengeber Als Einstieg in den Workshop wurde die Idee kurz durch einen der Ideengeber skizziert. Im Anschluss wurden in einer moderierten Diskussion offene Fragen geklärt und ein gemeinsames Verständnis der neuen Dienstleistung erarbeitet. Dieses Vorgehen war bei OFFICE auch im Rahmen regulärer Innovationsworkshops bereits üblich. Es gibt institutionalisierte regelmäßige Workshops, in denen Vertreter aus Marketing, Vertrieb und Konstruktion neue Ideen generieren, welche dann in Zusammenarbeit mit einer zentralen Person (einem „Unterstützer") aufbereitet und zusammen mit dem Ideengeber entsprechenden Entscheidungsträgern präsentiert werden. Diese Aufbereitung wurde nun im Rahmen des Workshops mit der Quadromo-Methode durchgeführt.

Modellierung der Nutzenpotenziale Wie in der Quadromo-Methode vorgesehen, machten sich die Anwesenden zunächst über den Kundennutzen der neuen Dienstleistung Gedanken. Dieser umfasst die folgenden Aspekte:

- **All-in-one-Service:** Die Dienstleistung ist ein Komplettservice, welcher Tagungsorganisatoren viel Arbeit abnehmen kann. Die Organisation von Namensschildern in Vorbereitung auf große Veranstaltungen nimmt sehr viel Zeit in Anspruch. Von der Gestaltung der Schilder, über den (automatisierten oder manuellen) Druck und der Konfektionierung der Papierschilder in entsprechende Plastikhalter bis hin zur Sortierung nach Anfangsbuchstaben der Nachnamen sind viele Schritte zu durchlaufen. Daher sind Organisatoren meist dankbar und empfinden einen besonders großen Nutzen, wenn sie derartige Arbeiten gegen ein Entgelt fremdvergeben können. Die Zahlungsbereitschaft ist dementsprechend verhältnismäßig hoch.
- **Professionelles Design:** Durch die Bereitstellung professioneller Layouts für die Schilder und die Möglichkeit, diese durch das Logo der Veranstaltung individuell zu gestalten, reduzieren sich auf Kundenseite die Kosten für das Design. Dies ist insbesondere für Veranstalter kleinerer Konferenzen interessant, die Unterlagen, Flyer und Schilder nicht professionell designen lassen, sondern diese in Eigenregie gestalten.
- **Zeitersparnis durch kurzfristigen Service:** Da die Anmeldung zu Tagungen und Konferenzen meist erst kurz vor Beginn der Veranstaltung endet, müssen Namensschilder auch kurzfristig und unter Zeitdruck erstellt werden. Gerade kurz vor Beginn der Tagungen sind die Organisatoren jedoch häufig mit vielen anderen Dingen beschäftigt. OFFICE hat Kernkompetenzen in der Erstellung verschiedener Schilderarten – von einfachen Papierschildern bis hin zu Metallvarianten. Druck und Konfektionierung können daher besonders schnell und professionell erledigt werden. Das Outsourcing der Schildererstellung bietet daher eine erhebliche Zeitersparnis für die Organisatoren der Veranstaltung.

Im Anschluss an die Analyse des Kundennutzens wurde der potenzielle Unternehmensnutzen im Workshop adressiert. Aus Sicht von Office bietet die Einführung der Dienstleistung im Wesentlichen folgende Nutzenpotenziale:

- **Ausschöpfung eines de-facto existierenden Marktpotenzials**: Eine entsprechende Dienstleistung wurde bereits mehrfach explizit von Kundenseite angefragt.
- **Cross-Selling**: Verkauft wird nicht nur die Dienstleistung der Bedruckung, sondern auch ein physisches Standardprodukt aus dem OFFICE-Produktportfolio. Die Dienstleistung ist also direkt an den Produktverkauf gekoppelt, was zusätzliches Einnahmepotenzial für OFFICE darstellt.
- **Zusätzliche Sichtbarkeit für OFFICE am Markt**: Der Büroartikelmarkt ist umkämpft und OFFICE zielt auf Qualitätsführerschaft ab. Die Sichtbarkeit der Marke bei Großveranstaltungen kann hierbei ein wichtiges Marketinginstrument darstellen. Jedes OFFICE-Schild hat ein unscheinbares Branding, um zu signalisieren, dass es sich um Markenqualität handelt. Neben dem direkten Umsatz, welcher durch die Dienstleistung an sich und den damit verbundenen Verkauf der Schilder generiert wird, kann somit auch auf eine indirekte Umsatzsteigerung durch die zusätzliche Sichtbarkeit der Marke gehofft werden.
- **Steigerung der Kernkompetenz im Bereich Schilderdruck**: Durch die Einführung der Dienstleistung würde OFFICE den Kernkompetenzbereich der Schilderherstellung weiter ausbauen. Dies kann auch für zukünftige Dienstleistungen relevant sein. Beispielsweise könnten neu etablierte Prozesse sowie der bereits existierende Web-Konfigurator auch für andere Beschilderungskonzepte und verbundene Dienstleistungen übernommen und genutzt werden.

Abbildung 4.5 zeigt die Nutzenpotenziale der neuen Dienstleistung im Überblick.

Modellierung des Dienstleistungsprozesses Der Dienstleistungserbringungsprozess von OFFICE beginnt auf Kundenseite mit der Wahl des Namensschildes auf der OFFICE-Webseite. Hierzu bekommt der Kunde Stückpreise angezeigt und kann aus der Produktpalette von OFFICE ein passendes Schild wählen. Es geht hier demnach zunächst um die „Hardware" ohne den entsprechenden Service. Im nächsten Schritt wird vom Kunden entweder ein fertiges Layout für das Schild ausgewählt oder ein eigenes Design hochgeladen. Außerdem ist vorgesehen, dass der Kunde eine initiale Teilnehmerliste hochladen kann. Für diese Teilnehmer werden die Namensschilder dann bereits bei OFFICE fertiggestellt.

Nach der Bestellung über die Website kommt es zur internen Planung und Auftragsvergabe. Dieser Prozess ist bei OFFICE bereits standardisiert und funktioniert effizient. Ein Planer erstellt einen internen Produktionsauftrag für die Hardware, d. h. konkret für die Materialbereitstellung und -veredelung. Dieser Auftrag wird dann intern bearbeitet. Im Anschluss an die interne Materialbereitstellung bzw. den Druck der Schilder müssen diese bestückt, sortiert und konfektioniert werden.

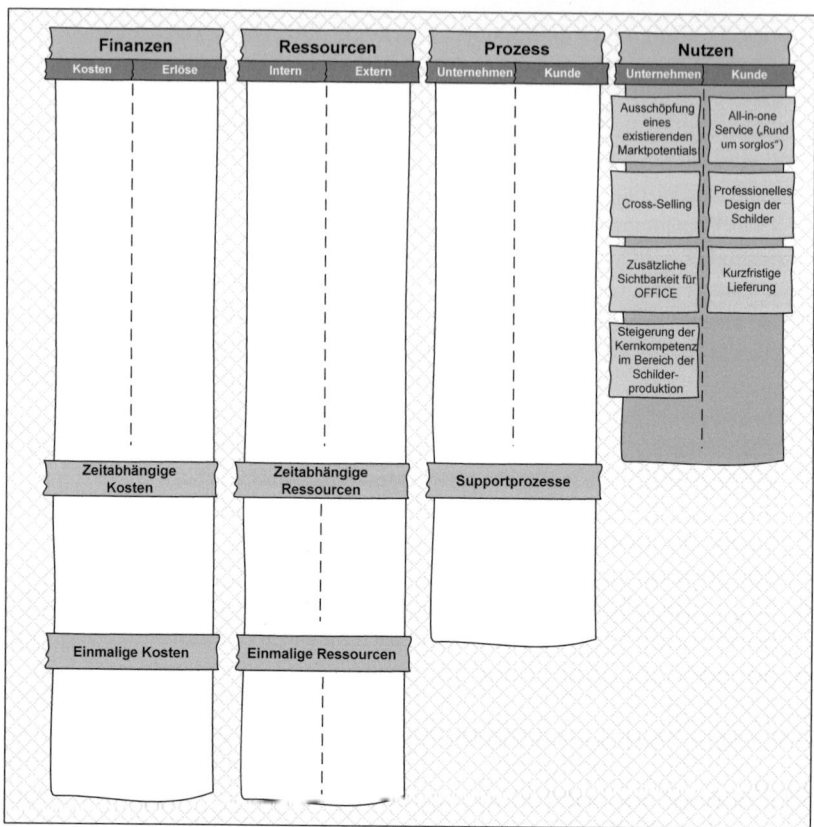

Abb. 4.5 Nutzenpotenziale des Namensschildservice von OFFICE

Im Rahmen des Workshops wurde schnell deutlich, dass der reine Fokus auf die Vorab-Bereitstellung einer Teilnehmerliste nicht zielführend ist. Häufig gibt es bei Tagungen und Konferenzen auch kurzfristige Anmeldungen bzw. spontane Konferenzbesuche. Für diese Besucher muss es eine Möglichkeit geben, Namensschilder nachzudrucken. Es wurden daher auch verschiedene Möglichkeiten evaluiert, wie es dem Kunden ermöglicht werden könnte, Schilder auch vor Ort zu erstellen. Die Workshop Teilnehmer einigten sich darauf, dass ein Vor-Ort-Kiosk die beste Lösung für dieses Problem darstellen würde. Da dieser Service wohl nicht von allen Kunden in Anspruch genommen werden würde, wurden die entsprechenden Prozessschritte und Ressourcen als optional markiert. Die optionalen Schritte beinhalteten das Einrichten des Kiosks vor Ort, die kurze Einweisung in dessen Nutzung, sowie der Abbau nach Abschluss der Veranstaltung.

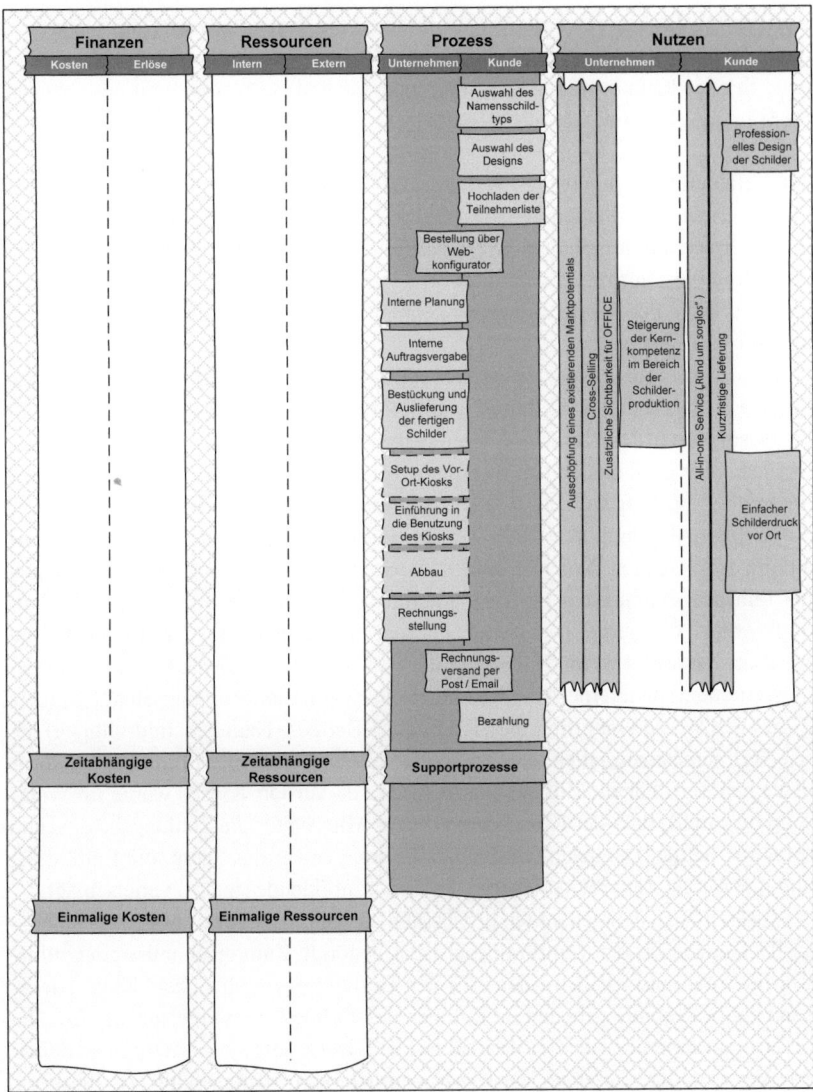

Abb. 4.6 Prozessbereich und Nutzenpotenziale des Full Service von OFFICE

Der gesamte Prozess der Dienstleistungserbringung endet mit der Rechnungs-
stellung durch OFFICE und die Bezahlung durch den Kunden. Abbildung 4.6 visu-
alisiert den Prozess und zeigt, an welchen Stellen die Nutzenpotenziale adressiert

werden. Im Workshop wurde festgestellt, dass die Supportprozesse des Unternehmens für die Erbringung der Dienstleistung nicht verändert werden müssen. Der neue Service kann also (aus Sicht der unterstützenden Prozesse) mit bestehenden Ressourcen gestemmt werden.

Modellierung der benötigten Ressourcen Im Workshop wurde festgestellt, dass viele Ressourcen, die für die Erbringung der Dienstleistung nötig sind, bereits im Unternehmen vorgehalten werden. Wie schon erwähnt müssen beispielsweise keinerlei Supportprozesse verändert oder ausgeweitet werden. Die Dienstleistung kann aus Sicht der Supportprozesse komplett mit der bestehenden Unternehmensstruktur realisiert werden.

Für den Erbringungsprozess selbst hingegen sind einige zusätzliche Ressourcen nötig. Für eventuelle Rückfragen und Beratungen vor und während des Bestellprozesses durch den Kunden müssen Vertriebsressourcen zur Verfügung gestellt werden. Hier entschieden die Workshop Teilnehmer, dass die internen Vertriebsmitarbeiter die Aufgaben übernehmen sollten, da Kundenanfragen ohnehin bereits durch diese Abteilung bearbeitet werden. Für die interne Auftragsplanung könnte auf die existierenden Planer/innen des Unternehmens zurückgegriffen werden. Dabei fällt pro Planung ein gewisser interner Kostensatz an. Für die interne Auftragsvergabe existiert ein effizienter interner Standardprozess, der mit einem Pauschalsatz berechnet werden kann. Für die Bestückung bzw. den Druck der Schilder müssen ebenfalls interne Arbeitsstunden eines Mitarbeiters veranschlagt werden. Zusätzlich werden natürlich die eigentlichen Badges (Namensschildrohlinge) sowie Verbrauchsmaterialien bzw. Verschleißteile für den Druck (Toner, Druckköpfe usw.) benötigt. Für die Zusatzdienstleistung des Vor-Ort-Kiosks wurde im Workshop diskutiert, dass der Kostensatz interner Mitarbeiter die Zahlungsbereitschaft sprengen würde. Demnach wurden als Ressourcen für das Setup, die Einführung und den Abbau Zeitarbeiter (extern) bzw. Auszubildende (intern) veranschlagt.

Zusätzlich zu den genannten prozessabhängigen Ressourcen werden auch einige Ressourcen für den Einführungsprozess benötigt. Zum einen muss ein Online-Konfigurator entwickelt werden, der den Bestellprozess abwickeln kann. Hierzu kann auf bestehende Arbeiten im Rahmen des Onlineshops aufgebaut werden. Darüber hinaus werden für die Abwicklung der Druckaufträge zusätzliche Schilderdrucker benötigt. Für den Vor-Ort-Nachdruck von Namensschildern muss ein Check-in-Automat entwickelt werden. Abbildung 4.7 zeigt die Ressourcenzuordnung für den Erbringungsprozess sowie die entsprechenden Initialisierungskosten in der Quadromo-Methode.

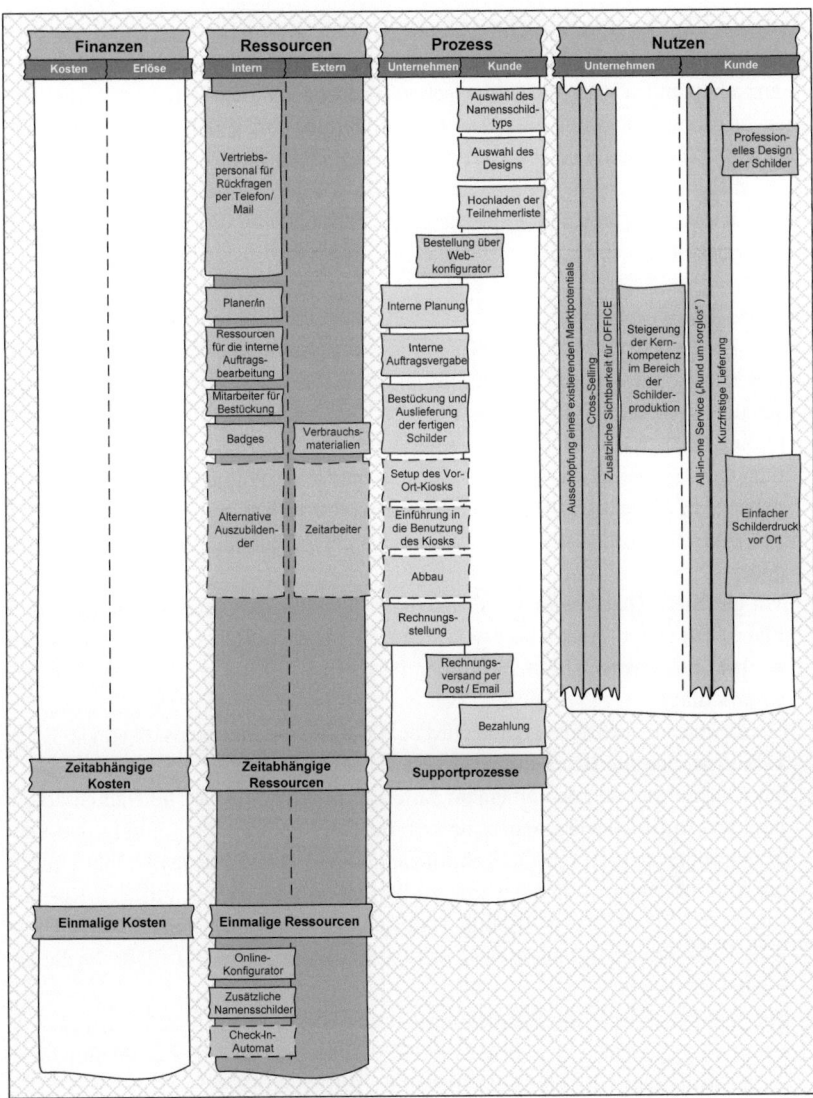

Abb. 4.7 Ressourcen, Nutzenpotenziale des Namensschildservice von OFFICE

Modellierung der Finanzsicht Anhand der definierten Ressourcen wurde eine grobe Schätzung der Finanzströme für die neue Dienstleistung vorgenommen. Die Finanzschätzungen waren teilweise schon während der Bearbeitung der Ressourcensicht grob durchgeführt wurden. Der Moderator sorgte dabei dafür, dass entsprechende Informationen zwar aufgenommen, jedoch nicht kommentiert oder im Detail diskutiert wurden. Nötige Diskussionen wurden auf die Bearbeitungsphase der Finanzsicht vertagt. Die folgende grobe Abschätzung der Kosten und Erlöse wurde erarbeitet.

Prozessabhängige Kosten

- Der Zusatzaufwand für das Vertriebspersonal durch Rückfragen während des Bestellprozesses wurde auf durchschnittlich ca. 10 min pro Bestellung geschätzt. Dies war ein Erfahrungswert aus bisherigen Dienstleistungen und dem Online-Shop. Viele Kunden benötigen keine Beratung. Wird jedoch eine Beratung in Anspruch genommen, dauert diese meist verhältnismäßig lange. 10 min haben sich als realistischer Durchschnittswert etabliert. Bei einem Stundensatz von 60 EUR wurden demnach 10 EUR als entsprechende Aktivitätskosten angesetzt.
- Mit gleichem Stundensatz wurde auch die Planungsaktivität durch den internen Planer angesetzt. Hier wurde von einer Bearbeitungszeit von ca. 30 min pro Auftrag ausgegangen, d. h. es wurden insgesamt 30 EUR pro Prozessdurchlauf veranschlagt.
- Für die interne Auftragsvergabe wird bei OFFICE ein Pauschalsatz von 80 EUR kalkuliert, der alle Bearbeitungskosten abdeckt.
- Durchschnittlich wurde von einem Auftragsvolumen von ca. 500 Namensschildern pro Auftrag ausgegangen, da sich der Service primär an mittelgroße Veranstaltungen richtet. Für die Rohlinge existieren verschiedene Qualitätsstufen, aus Vereinfachungsgründen wurde im Workshop ein durchschnittlicher Kostensatz von 0,20 EUR pro Rohling veranschlagt. Verbrauchskosten wurden mit 0,10 EUR pro Schild angesetzt, was Gesamtkosten von 150 EUR für diesen Posten entspricht.
- Für den Druck bzw. die Bestückung wurden bei 500 Namensschildern ca. 3 h veranschlagt. Da dieser Schritt manuell durch einen Mitarbeiter durchgeführt wird, wurde hier mit 180 EUR ($3h \times 60$ EUR/h) kalkuliert.
- Für die Zusatzdienstleistung des Vor-Ort-Schilderdrucks wurde durchschnittlich mit je einer Arbeitsstunde für Auf- und Abbau sowie die Einführung kalkuliert. Bei einem Stundensatz von 40 EUR wird demnach von 120 EUR ausgegangen. Da Fahrtkosten zum Selbstkostenpreis an die Kunden weitergegeben werden sollen, wurden diese nicht separat erfasst.

Die Summe der prozessabhängigen Kosten beläuft sich demnach auf ca. 570 EUR.

Erlöse Hier wurden verschiedene Szenarien durchgerechnet. Es wurde diskutiert, welche Zahlungsbereitschaft pro Namensschild für einen derartigen Service am Markt existiert. Aus den Erfahrungen der Workshop Teilnehmer wurden 3 EUR pro Schild als realistische Größe definiert. Dieser Preis sollte dann jedoch auch immer die Benutzung des Vor-Ort-Kiosks beinhalten. Bei einem durchschnittlichen Auftragsvolumen von 500 Schildern kann also von einem Durchschnittserlös von 1500 EUR pro Auftrag ausgegangen werden.

Initialisierungskosten
- Da der Online Konfigurator auf bestehenden Vorarbeiten aufsetzen kann, wurde hier mit etwa 20.000 € zusätzlichen Investitionskosten gerechnet.
- Die Workshop Teilnehmer einigten sich darauf, dass 4 neue Drucker benötigt würden, um die zusätzlichen Druckaufträge bearbeiten zu können. Mit ca. 2.000 EUR pro Drucker sind demnach zusätzlich etwa 8.000 EUR an Anfangsinvestitionen fällig.
- Mit Bezug zum Check-in-Automaten wurde lange diskutiert. Für die im Workshop anwesenden Mitarbeiter war es schwierig, eine genaue Schätzung der Entwicklungskosten für das Kiosksystem abzugeben. Man einigte sich auf etwa 50.000 EUR, sah jedoch die Notwendigkeit, ein konkretes Angebot einzuholen.

Abbildung 4.8 stellt das vollständige Geschäftsmodell inklusive der Zuordnung der Finanzen innerhalb des Quadromo-Gestaltungsrahmens dar.

4.2.3   Analyse des Geschäftsmodells

Anhand der Finanzschätzungen lässt sich erkennen, dass durchschnittlich mit einem Deckungsbeitrag von ca. 930 EUR pro Auftrag gerechnet werden kann. Da keine zeitabhängigen variablen Kosten anfallen, muss auch keine Verrechnung über den Planungshorizont stattfinden. Der Deckungsbeitrag kann direkt genutzt werden um verschiedene Varianten hinsichtlich potenzieller Auftragsmengen (z. B. Worst- und Best-Case Szenario) zu berechnen.

OFFICE definierte den Worst-Case als 50 Aufträge pro Jahr, was einem Gesamtdeckungsbeitrag von 46.500 EUR entspricht. Da sich die einmaligen Investitionen auf ca. 78.000 EUR belaufen, kann mit dem Break-even in diesem Szenario nach etwas mehr als 1,5 Jahren gerechnet werden. Im Best-Case-Szenario, welches von den Workshop-Teilnehmern mit 100 Aufträgen pro Jahr beziffert wurde, könn-

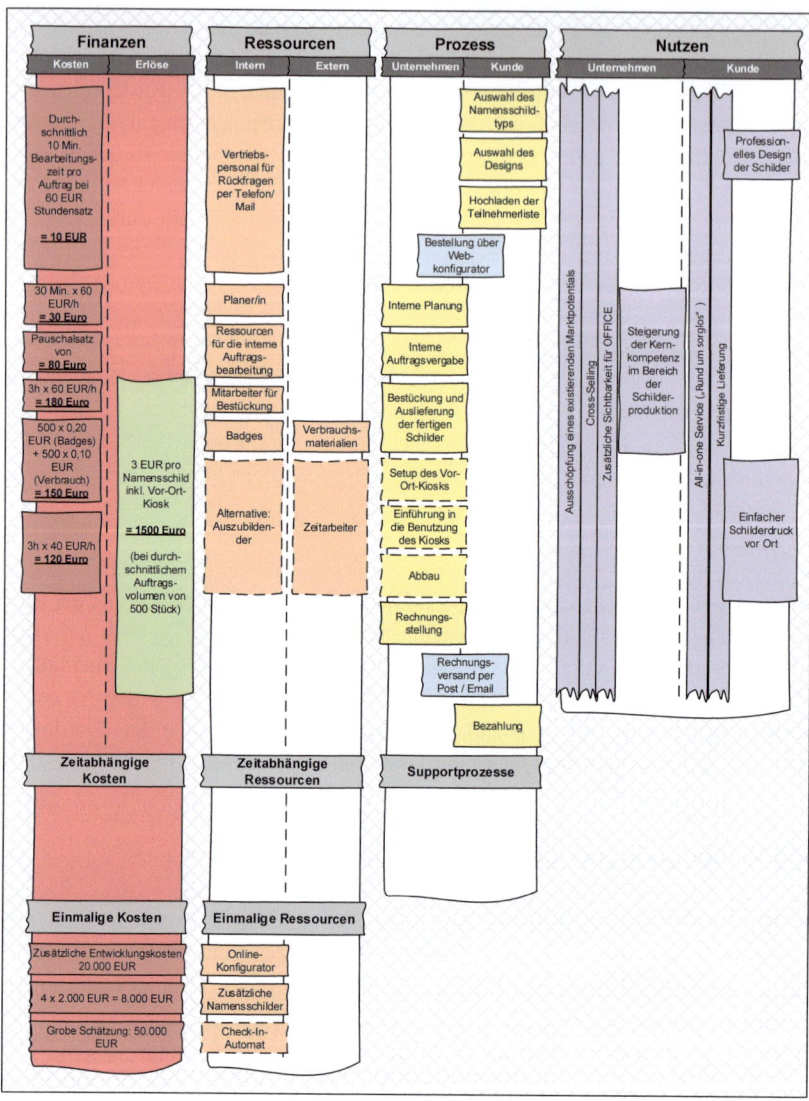

Abb. 4.8 Geschäftsmodell des Namensschildservice von OFFICE

te durch den Deckungsbeitrag von 93.000 EUR pro Jahr der Break-even bereits nach etwa 10 Monaten erreicht werden.

Insgesamt stellte sich das Vorhaben als durchaus lohnenswert für das Unternehmen dar, weshalb einer Projektierung durch das Management zugestimmt wurde. Zwar waren die ersten Schätzungen – insbesondere hinsichtlich der Initialisierungskosten – noch verhältnismäßig ungenau, jedoch ließ die Modellierung das generelle Potenzial der Dienstleistung erkennen. Sowohl das Best- als auch das Worst-Case-Szenario waren mit akzeptablen Amortisationszeiten verbunden.

Der Quadromo-Workshop wurde von OFFICE als wichtiger Schritt bei der Evaluation der Dienstleistung angesehen. Sowohl die Geschäftsführung als auch die beteiligten Akteure im Workshop waren mit den Ergebnissen zufrieden. Da die Evaluation positiv ausfiel, wurden weitere Ausarbeitungen veranlasst um das Konzept zu detaillieren.

4.3   Integrierte eCommerce-Lösung mit LOGICAL

4.3.1   Ausgangssituation

Unternehmens- und Marktsituation LOGICAL ist ein mittelständischer Logistikdienstleister. Zum Leistungsportfolio gehören Frachtmanagement, Materialmanagement und Logistikberatung. Ein Wettbewerbsvorteil von LOGICAL ist die Geschwindigkeit des Unternehmens bei der Entwicklung und operativen Umsetzung von Logistiklösungen, sowohl für kleinere Gewerbekunden, als auch für größere Mittelständler.

Zum Zeitpunkt des Quadromo-Workshops befand sich das Unternehmen an einem wichtigen Scheidepunkt in seiner weiteren Entwicklung: Es ging um die Entscheidung, entweder weiterhin moderate Umsätze bei überschaubarem Geschäftsvolumina und Mitarbeiterzahl zu generieren oder den Sprung zum nächsten „Level" zu wagen. Dieser Sprung würde eine signifikante Umsatzsteigerung und personelle Vergrößerung bedeuten. Schlüssel zu dieser Wachstumsstrategie war die Erweiterung des bestehenden Dienstleistungsportfolios, um innovative neue Dienstleitungen. Ideen hierzu kursierten schon seit einiger Zeit im Unternehmen, wurden jedoch durch die starke Auslastung der Mitarbeiter und der Unternehmensführung durch das „Tagesgeschäft" nicht konsequent weiterverfolgt. Der Innovationsworkshop mit Quadromo sollte den Faden aufgreifen und eine erste Konkretisierung und Bewertung der Ideen unterstützen (Tab. 4.3).

Tab. 4.3 Kurzcharakterisierung des Fallbeispiels LOGICAL

Branche:	Logistik
Unternehmensgröße:	Mittelständisches Unternehmen
Entwickelter Dienstleistungstyp:	Logistik- bzw. E-Commerce-Dienstleistung
Innovationsauslöser:	Interne Ideen für eine Wachstumsstrategie
Workshop-Beteiligte:	Kaufmännischer Leiter/Prokurist, Leiter der operativen Logistik, Freelancer/Berater des Unternehmens

Ziel des Workshops Das übergeordnete Ziel des Workshops mit Quadromo war eine systematische Diskussion der seit längerem im Unternehmen kursierenden Geschäftsideen. Dabei sollten die Ideen auf ihren potenziellen Beitrag zu einer Wachstumsstrategie des Unternehmens überprüft werden. Bisher fehlten hierzu der Unternehmensführung die Gelegenheit und der richtige Ansatz. Die spezifischen Zielsetzungen des Quadromo-Workshops waren die folgenden:

1. Die existierenden Geschäftsideen der Mitarbeiter und der Unternehmensführung sollten **strukturiert zu Papier** gebracht werden, um eine zielführende Diskussionen zu ermöglichen.
2. Wichtiges Bewertungskriterium der Geschäftsideen war das **Umsatzpotenzial** und damit der Beitrag zur Option einer Wachstumsstrategie für LOGICAL.
3. Die Geschäftsideen haben sich aus zahlreichen Kundenanfragen und Erfahrungen im täglichen Geschäft ergeben. Quadromo sollte Aufschluss über die potenzielle **operative Umsetzbarkeit** der Geschäftsideen geben.
4. Die Methode sollte dabei helfen, die Geschäftsideen kritisch zu reflektieren, um deren **Komplementarität** zum existierenden Produktportfolio zu überprüfen.

Beteiligte Rollen Am Workshop waren drei Mitarbeiter beteiligt, die unterschiedliche Blickwinkel auf die zu entwickelnden Geschäftsideen einnahmen, sich jedoch insgesamt, bedingt durch die gegebene Unternehmensgröße von LOGICAL, als „Allrounder" verstanden:

* **Der kaufmännische Leiter und Prokurist** von LOGICAL hatte eingehende Kenntnis der bestehenden Kundenstruktur sowie der Kosten- und Erlösstrukturen der bisherigen Dienstleistungen und brachte dieses Wissen in Bezug auf die Nutzenpotenziale und die Finanzsicht der Dienstleistungsinnovationen ein.
* **Der Leiter der operativen Logistik** war aufgrund der überschaubaren Unternehmensgröße sowohl mit den operativen Prozessen des Unternehmens vertraut, als auch mit dem erforderlichen Ressourcenaufwand und den entstehen-

den Kosten. Er hatte bereits genaue Vorstellungen von den Anforderungen der Kunden.

- **Ein Freelancer und Berater des Unternehmens** verfolgte die Unternehmensentwicklung von LOGICAL bereits seit einigen Jahren und verstand sich als Katalysator von Neuerungen und Ideen im Unternehmen. Im Workshop mit Quadromo betrachtete er das Unternehmen aus einer externen Sicht und zeigte Entwicklungsoptionen auf.

Geschäftsideen Zu Beginn des Workshops bei LOGICAL bestanden zwei Geschäftsideen:

- **ecommerce/Fulfillment:** Im Zuge der Entwicklung des Amazon Marketplace und vergleichbarer Angebote im Internet hatte die Zahl der Kleinunternehmen im Online-Einzelhandel zum Zeitpunkt der Workshop-Durchführung stark zugenommen. Hiermit entstand eine erhöhte Nachfrage nach sogenannten End-to-End-Logistikdienstleistungen, die sowohl eCommerce Plattformen und damit verbundene Back-End-Logistiksysteme, als auch die entsprechende Logistik-Infrastruktur umfassen. Dieses Angebot wollte LOGICAL als „schlüsselfertiges" Dienstleistungsprodukt entwickeln und aus einer Hand bereitstellen.
- **Reparaturservice:** Reparaturabwicklungen erzeugen ein hohes Logistikvolumen. Defekte Waren müssen abgeholt, gelagert, dem Reparaturservice zugestellt, wieder abgeholt und gelagert und schließlich dem Kunden zurückgeschickt werden. Die Geschäftsidee bestand darin, diese Dienstleistung aus einer Hand durch LOGICAL abzuwickeln

Der Modellierungsworkshop wurde mit dem kaufmännischen Leiter, Leiter der operativen Logistik, dem Freelancer und einem Methodenexperten in Quadromo durchgeführt. Die einzelnen Bereiche der Quadromo-Methode wurden dabei grundsätzlich sequentiell betrachtet und erarbeitet. LOGICAL entschied sich auf Grund des zu erwartenden Umsatzvolumens für die Modellierung der Geschäftsidee eCommerce/Fulfillment.

Beim eCommerce/Fulfillment handelt sich um eine Innovation, die nur in enger Zusammenarbeit mit anderen Dienstleistern erbracht werden kann. Jeder Dienstleister wird durch seine Preise den eigenen Deckungsbeitrag in die Gesamtkalkulation einbringen. Der Nutzen der LOGICAL bei der Koordination der Gesamtdienstleistung und der realisierbare Deckungsbeitrag spielte daher eine wesentliche Rolle bei der Geschäftsmodellentwicklung. Insgesamt war die Steigerung des Unternehmensumsatzes eine Kernmotivation zur Entwicklung neuer Dienstleistungen.

4.3.2 Entwicklung der neuen Dienstleistung

Modellierung des Dienstleistungsprozesses Kern der Dienstleistung eCommerce/Fulfillment ist die Entwicklung und Bereitstellung von IT-Systemen und der physischen Logistik zur Abwicklung der Warenwirtschaft. Der nachfolgend dargestellte Dienstleistungsprozess beschreibt damit einen klassischen Projektverlauf zur Entwicklung und Bereitstellung der Dienstleistung. Vergleichbare Projekte wurden von LOGICAL schon für zahlreiche Kunden durchgeführt. Die Workshop-Teilnehmer konnten bei der Beschreibung des klassischen Projektverlaufs aus ihren Erfahrungen schöpfen. Moderator und Workshop-Teilnehmer einigten sich darauf, in diesem Workshop bei der Modellierung des Geschäftsmodells mit der Ihnen bereits vertrauten Prozessperspektive zu beginnen. Der Moderator stellte ein strukturiertes Vorgehen, bei dem auch die anderen drei Bereiche des Gestaltungsrahmens abgedeckt werden, im weiteren Verlauf des Modellierungsprozesses sicher (Abb. 4.9).

Der Dienstleistungsprozess startet auf Seite des Kunden mit der Entscheidung für die Inanspruchnahme der Dienstleistung. In einem anschließenden Gespräch muss LOGICAL gemeinsam mit dem Kunden ein Anforderungsprofil entwerfen. Dabei gilt es zu identifizieren, ob die Kundenanforderungen mit den standardisierten eCommerce-Modulen der LOGICAL erfüllt werden können. Anschließend fällt auf Seiten LOGICAL eine Entscheidung zur Projektierung oder zum Ausstieg. Im Fall einer Projektierung erfolgt danach in enger Abstimmung mit dem Kunden sukzessive die Umsetzung des Webshop, die Umsetzung des Warehouse Management Systems (WMS), die Umsetzung der Warenwirtschaft (WaWi) und die Umsetzung der Transportsteuerung. Der Austausch der Beteiligten erfolgt in Workshops, Meetings sowie per E-Mail und Telefon. Der Übersichtlichkeit halber wurde dieser permanente Austausch im Modell parallel angeordnet, was in der eigentlichen Methodik nicht vorgesehen ist. Alternativ hätte auch ein Prozessschritt „Umsetzung Webshop/WMS/WaWi/Transportsteuerung" definiert werden und dieser einmalig mit einem Abstimmungsprozess auf Kundenseite verbinden werden können. Nach dieser technischen Implementierungsphase erfolgen Testläufe der Gesamtlösung. Ergebnisse der Testläufe werden in einem Protokoll festgehalten und durch den Kunden abgenommen. Die abschließende Abnahme erfordert eine schriftliche Bestätigung des Kunden und eine anschließende Schulung der Kundenmitarbeiter durch LOGICAL.

Die Workshop-Beteiligten verständigten sich darauf, keine Supportprozesse zu modellieren. Die beschriebenen Dienstleistungsprojekte, die als Grundlage für die Abwicklung von eCommerce/Fulfillment-Transaktionen dienen, erfordern keine Support-Aktivitäten. Dies bedeutete, dass auch die spätere Kalkulation der Projektkosten ohne zeitabhängige Kosten auskommen würde.

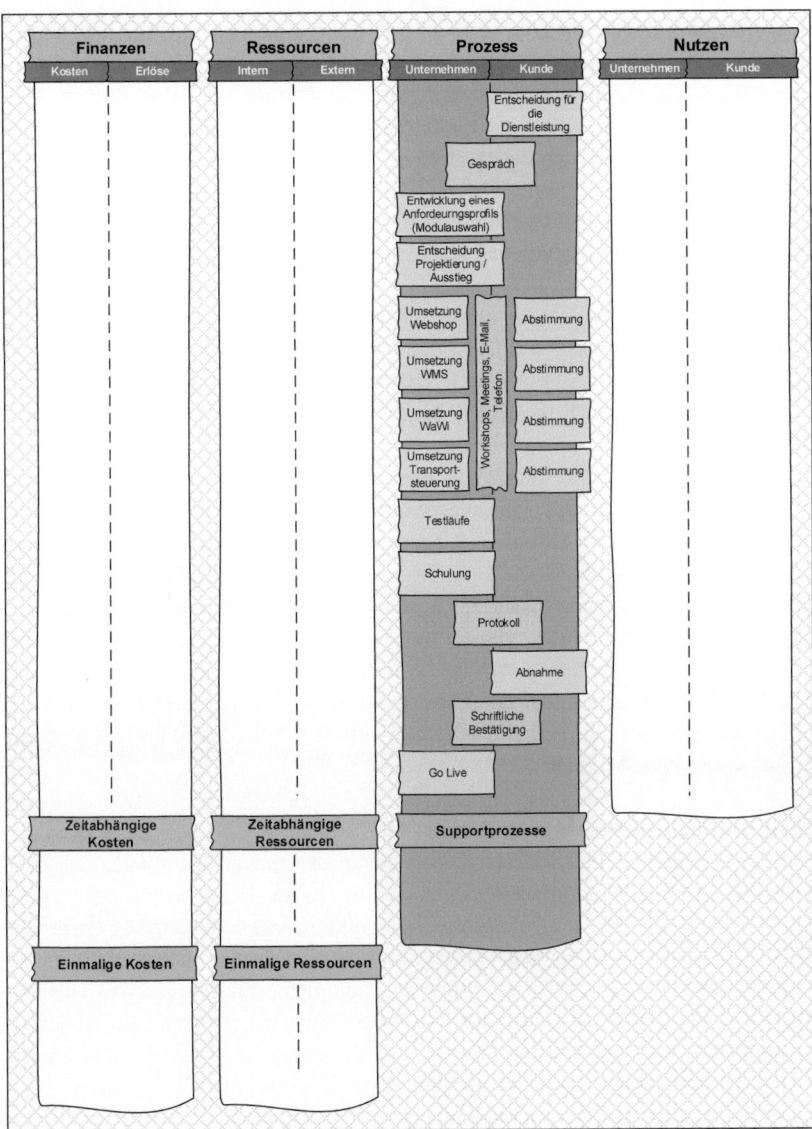

Abb. 4.9 Prozessbereich der LOGICAL-Geschäftsidee

Modellierung der benötigten Ressourcen Zur Umsetzung der Dienstleistungen setzte LOGICAL konsequent auf ein Partnernetzwerk. Die eigene Kernleistung von LOGICAL ist einerseits die Koordination der Partner. Nach dem Prinzip „One Face to the Customer" sind die Partnerleistungen für den Kunden bei der Entwicklung und dem Betrieb der eCommerce/Fulfillment-Lösung nicht ersichtlich. Der Kunde erhält damit eine Dienstleistung aus einer Hand. Andererseits übernimmt LOGICAL selbständig die Umsetzung des Warehouse-Management-Systems sowie die Durchführung und Koordination der Testläufe sowie die Schulung des Kunden (Abb. 4.10).

Bereits bei der Entwicklung des Anforderungsprofils sind Partner für das Webdesign und die Ausgestaltung der Warenwirtschaft involviert. Die Leitung dieser Aktivität übernimmt das LOGICAL Top-Management und die LOGICAL Produktverantwortlichen. Die gleiche Teamzusammensetzung beurteilt auch die Entscheidung zur Projektierung/Ausstieg. Im Falle einer Projektierung entwickeln sukzessive die Partner für das Webdesign einen Webshop. Die IT-Abteilung von LOGICAL verantwortet die Umsetzung des WMS, die Partner für die Warenwirtschaft verantworten die Umsetzung des entsprechenden Systems und der Partner für die physische Logistik gemeinsam mit dem LOGICAL-Führungsteam die Umsetzung der Transportsteuerung. Testläufe und die Schulung übernimmt abschließend die IT-Abteilung sowie Produktverantwortliche von LOGICAL. Die Abnahme erfolgt gemeinsam mit dem Kunden, allen beteiligten Partnern, und der LOGICAL-IT-Abteilung und den Produktverantwortlichen. Gleiches gilt für das „Go Live" der Lösung, wobei die Verantwortung für die Aktivität natürlich auf Seiten der LOGICAL liegt.

Modelierung des Nutzensicht Aus der Nutzensicht positioniert sich LOGICAL mit der eCommerce/Fulfillment-Dienstleistung als innovativer, mittelständischer Dienstleister, der eCommerce-Module und physische Logistik aus einer Hand bereitstellt. Das Unternehmen erschließt sich durch diese neue Leistung ein erhebliches Umsatzpotenzial vor dem Hintergrund eines wachsenden Marktes für kleine, umsatzstarke Online-Händler auf größeren eCommerce-Plattformen wie Amazon. Weiterhin hat LOGICAL ein hohes Interesse daran, die Beziehungen zu seinen eCommerce- und Logistik-Partnern zu intensivieren. Das Unternehmen erhofft sich daraus insgesamt stabilere Geschäftsprozesse, auch in Bezug auf andere partnergestützte Dienstleistungen (Abb. 4.11).

Potenzielle Kunden profitieren in erster Linie von einem vereinfachten Einstieg in das eCommerce. Sämtliche Unsicherheiten in Bezug auf die Gestaltung und Umsetzung der eCommerce-Lösung werden durch einen erfahrenen Partner eliminiert und der Kunde kann sich weiterhin auf seine Kernkompetenzen konzen-

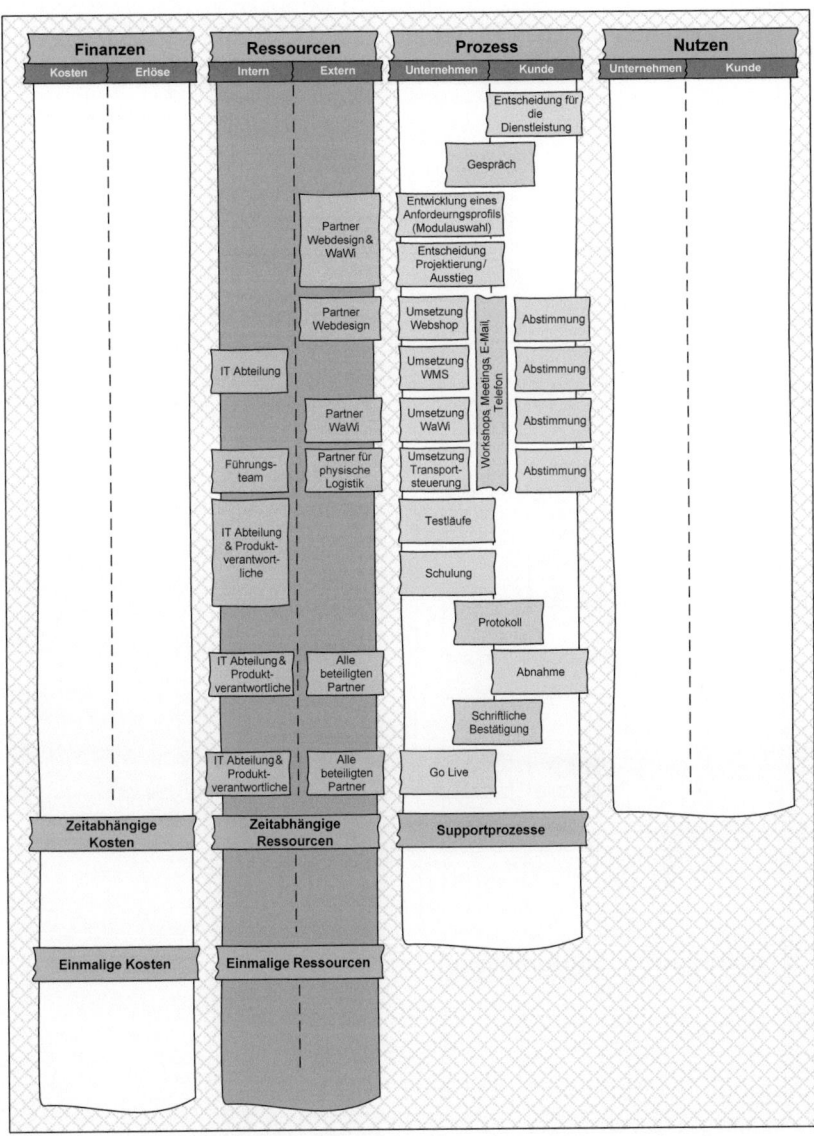

Abb. 4.10 Prozessperspektive und Ressourcenperspektive der LOGICAL Geschäftsidee

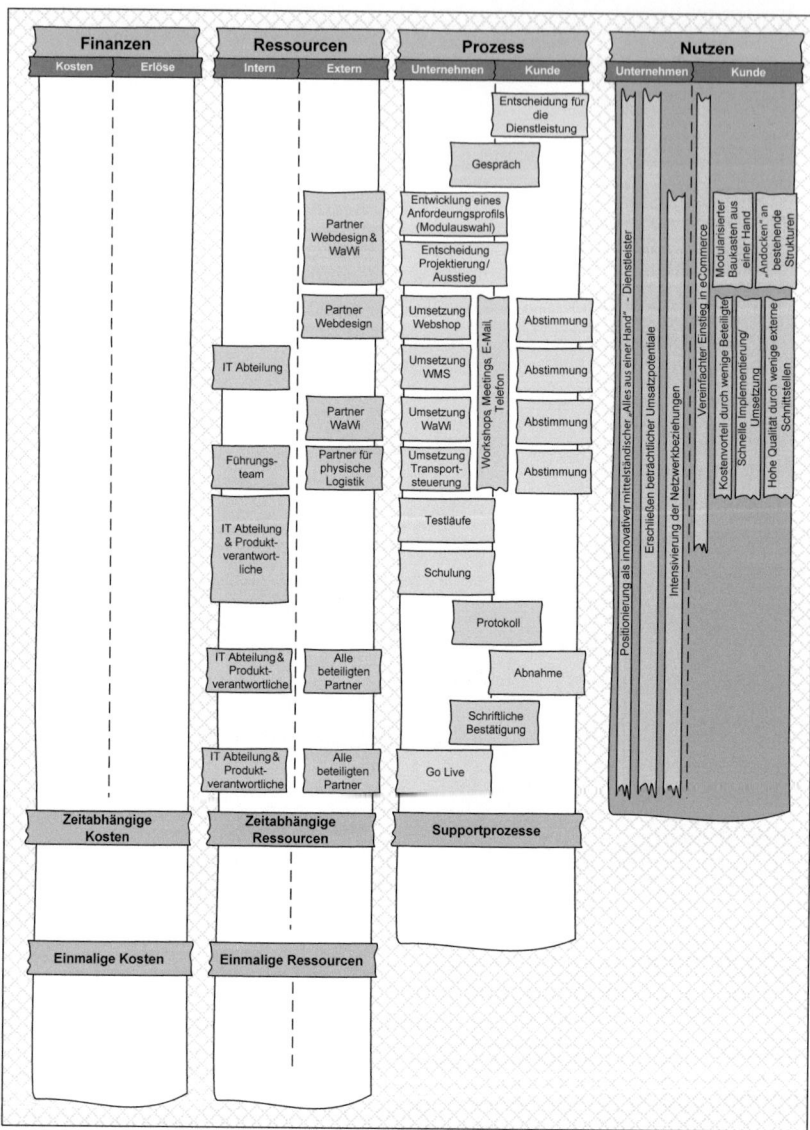

Abb. 4.11 Die Bereiche Prozess, Ressourcen und Nutzen der LOGICAL-Geschäftsidee

trieren. Bei der Gestaltung der eCommerce-Lösung in den Phasen der Entwicklung des Anforderungsprofils und Entscheidung der Projektierung profitiert der Kunde von einem modularisierten Baukasten aus einer Hand. Die Standardlösungen Webshop, WMS, WaWi und Transportsteuerung werden an bestehende Infrastrukturen angedockt. Bestehende Systeme können somit nahtlos weiterverwendet werden. Insbesondere aus den Aktivitäten der Umsetzung ergeben sich Kostenvorteile für den Kunden, da auf standardisierte Module zurückgegriffen wird. Hieraus ergibt sich zudem eine schnelle Implementierung und Umsetzung. Insgesamt sind die Module aufeinander abgestimmt und decken den vollen Funktionsumfang für das eCommerce und Fulfillment ab. Es sind nur wenige Schnittstellen zu Systemen von Drittanbietern zu berücksichtigen, wodurch insgesamt eine höhere Qualität der Gesamtlösung ermöglicht wird.

Modellierung der Finanzsicht Auf Grund der genauen Kenntnis der internen Kostenstrukturen[1], als auch der Kosten der Dienstleistungen, die von Partnern in Anspruch genommen werden, ergab sich eine differenzierte Kostenkalkulation:

- Die Entwicklung eines Anforderungsprofils verursacht Kosten in Höhe von 800 EUR auf Seiten von LOGICAL. Von Seiten der Partner entstehen hierfür keine Kosten.
- Die Entscheidung zur Projektierung/Ausstieg erfordert eine stichhaltige Entscheidungsgrundlage. Um diese zu entwickeln, entstehen insgesamt 1.200 EUR Kosten, einschließlich der Kosten, die durch den Partner in Rechnung gestellt werden.
- Ein erheblicher Kostenpunkt entsteht durch die Umsetzung des Webshop durch einen Partner im Webdesign: 3.200 EUR.
- Die Umsetzung des WMS verursacht LOGICAL interne Kosten in der IT-Abteilung: 400 EUR.
- Weitere erhebliche Kosten über 3.200 EUR ergeben sich aus der Umsetzung der WaWi durch einen Partner.
- Die Umsetzung der Transportsteuerung verursacht Kosten von 600 EUR. LOGICAL wird hierbei nur in geringem Maße koordinativ tätig und es werden daher keine weiteren Kosten kalkuliert.
- Testläufe der Gesamtlösung werden von der LOGICAL, d. h. der IT-Abteilung und Produktverantwortlichen durchgeführt. Hierfür wurden 1.600 EUR veranschlagt.

---

[1] Alle Werte sind aus Gründen der Anonymisierung geändert.

- Auch die Schulung des Kundenmitarbeiter für die eCommerce und Fulfillment-Lösung verursacht Kosten welche mit 2.600 EUR bemessen wurden
- An der Abnahme sind alle Partner und LOGICAL beteiligt wodurch Kosten in Höhe von 1.200 EUR entstehen.

Insgesamt entstehen somit für die Umsetzung einer eCommerce/Fulfillment-Lösung 14.800 EUR Kosten. Es wurde davon ausgegangen, dass im Projekt keine zeitabhängigen Kosten und auch keine einmalige Kosten entstehen (Abb. 4.12).

Als Erlösmodel entschied sich LOGICAL für ein „Cost+"-Modell, differenziert nach den Kundengruppen Start-Ups und Großkunden. Das Start-Up Modell wurde mit einem Gesamtpreis aus den entstehenden Kosten zzgl. einer Gewinnmarge von 15 % kalkuliert. Das Großkunden-Modell wurde mit einer Gewinnmarge von 10 % kalkuliert.

4.3.3   Analyse des Geschäftsmodells

Wie zu Beginn der Fallstudie dargestellt, verfolgte LOGICAL unterschiedliche Zielsetzungen mit der Modellierung von Geschäftsmodellen mit der Quadromo-Methode. Nachfolgend wird dargestellt, inwiefern aus Sicht von LOGICAL diese Zielsetzungen erreicht und strategische Entscheidungen getroffen werden konnten.

Dokumentation der Geschäftsideen   In einem intensiven Tagesworkshop konnten die Ideen der beteiligten zu Papier gebracht und dabei ein konsistentes Modell mit einem abgestimmten Prozess, ausgewiesenem Nutzenbeitrag, benötigten Ressourcen sowie Kosten und Erlösen erstellt werden. Der Gestaltungsrahmen diente den Beteiligten einerseits als Strukturierungshilfe, um bestehendes Wissen zu dokumentieren. Andererseits zeigte der Gestaltungsrahmen zusätzliche Informationsbedarfe auf, so z. B. das benötigte Partnernetzwerk zur Umsetzung der Geschäftsidee.

Realisierbares Umsatzpotenzial   Zur Realisierung der Wachstumsstrategie benötigte LOGICAL eine Geschäftsidee, die Aussicht auf einen erheblichen Umsatzbeitrag eröffnet. Durch die Kalkulation der Finanzsicht in Quadromo wurde deutlich, dass entsprechende Projekte Kosten in Höhe von ca. 14.800 EUR verursachen und durch eine Marge zwischen 10 und 15 % somit nur ein moderater Deckungsbeitrag pro Projekt ermöglicht wird. Der Deckungsbeitrag pro Projekt blieb damit insgesamt hinter den Erwartungen der LOGICAL zurück. Dies führte zur Erkenntnis, dass die Dienstleistung nur im Massengeschäft zum gewünschten Ziel führen

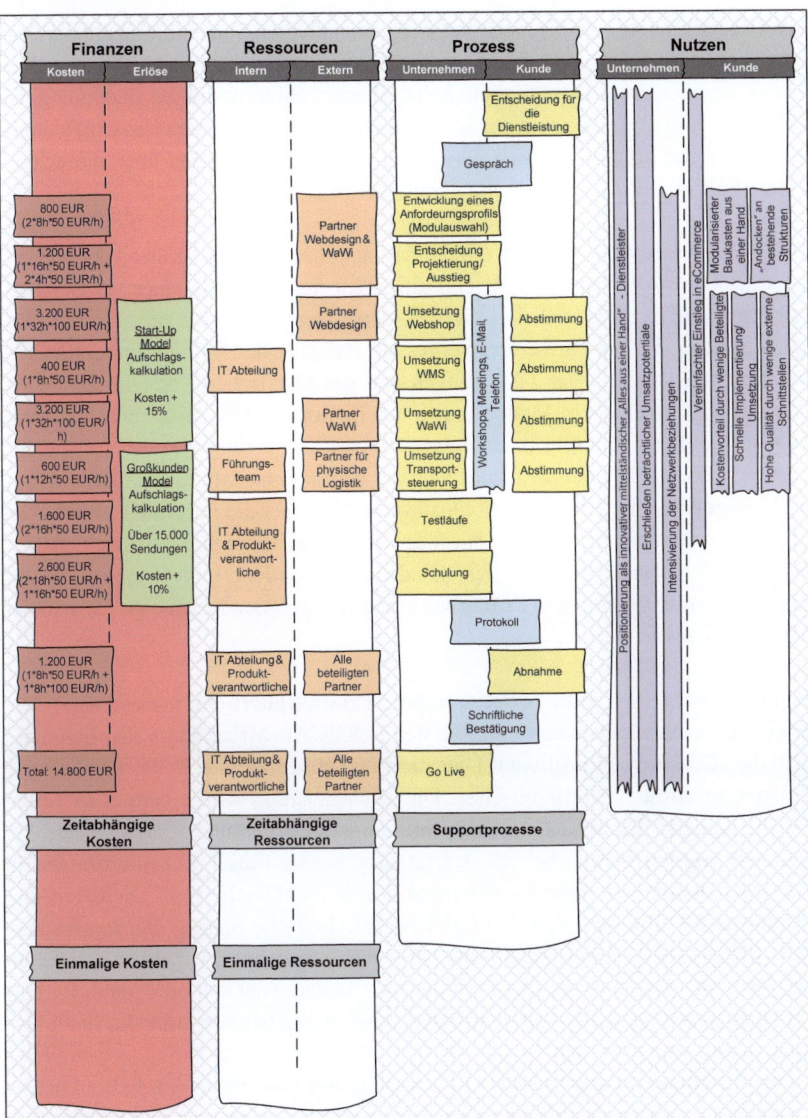

Abb. 4.12 Die Bereiche Prozess, Ressourcen, Nutzen und Finanzen der LOGICAL Geschäftsidee

kann. Dies unterstreicht die Notwendigkeit einer starken Standardisierung der Projekte, um die verfügbaren Projektressourcen effizient einsetzen zu können. Der Leiter der operativen Logistik betonte vor diesem Hintergrund die Bedeutung der Dienstleistung als Instrument der Kundenbindung. Das erwartete Umsatzvolumen könne aus der kontinuierlichen Abwicklung von Transaktionen über die eCommerce/Fulfillment-Lösung anteilig erzielt werden.

Operative Umsetzbarkeit Im Modellierungsprozess wurde frühzeitig deutlich, dass die Geschäftsidee eCommerce/Fulfillment nur mit Hilfe eines differenzierten Partnernetzwerkes realisiert werden kann. Deutlich wurde dabei auch, dass die Koordination des Partnernetzwerkes ein wesentlicher Beitrag der LOGICAL bei der Bereitstellung der IT-Lösungen und der physischen Logistik sein wird. Andererseits machte die Modellierung der Ressourcensicht auch deutlich, dass LOGICAL über eigene Kernkompetenzen bei der Umsetzung der Dienstleistungen verfügt, insbesondere bei der Umsetzung der Warenwirtschaft. Eine Erkenntnis aus der Ressourcen-Modellierung mit Quadromo war dabei die Folgende: „Wir haben die Kapazitäten gar nicht dafür, um jeden Tag einen Kunden durchzuschleusen." Bei erhoffter Nachfrage ließe sich der damit verbundene Ressourcenbedarf nur über die Beschäftigung neuer Mitarbeiter sowie durch den effizienten Einsatz der Mitarbeiter realisieren.

Komplementarität zum existierenden Produktportfolio Insbesondere die erarbeitete Nutzenperspektive machte den LOGICAL-Mitarbeitern deutlich, dass sich die eCommerce/Fulfillment-Dienstleistung ausgezeichnet in das existierende Leistungsportfolio integrieren lässt. Die Dienstleistung wurde bereits in Teilen für die Kunden der LOGICAL erbracht. Die Ressourcen und Kompetenzen von Partnern wurden bereits bei der Umsetzung einiger dieser Einzelleistungen in Anspruch genommen. Eine Kombination in eine „schlüsselfertige" Dienstleistung eCommerce/Fulfillment war damit der nächste logische Schritt. Der kaufmännische Leiter fasste seine Erkenntnisse prägnant zusammen: „Auf jeden Fall haben wir jetzt eine Ampel dafür, ob es mit der Idee weitergehen soll oder nicht. Im Fall rot könnten wir gar nicht weiterverfolgen. Aber hier haben wir grün, das heißt hier können wir weiter machen."

Im Anschluss an den LOGICAL-Workshop mit Quadromo wurde die Dienstleistung eCommerce/Fulfillment vom Unternehmen konsequent weiterverfolgt. Seit Januar 2014 ist die Dienstleistung fester Bestandteil des Logistikportfolios des Unternehmens. Aus Sicht des Unternehmens war die Entwicklung eines dienstleistungsbasierten Geschäftsmodells mit der Quadromo-Methode ein wesentlicher Entwicklungsschritt auf dem Weg von der Geschäftsidee zur tatsächlichen Implementierung des Dienstleistungsangebots.

Erfolgsfaktoren für das Service Design

5

Zusammenfassung

Das Service Design wird Sie vor neue Herausforderungen stellen. In diesem Kapitel werden sieben Erfolgsfaktoren vorgestellt, die Ihnen dabei helfen, diese Herausforderungen zu meistern.

5.1 Trennen Sie Ideenfindung und Ausarbeitung

Start eines jenen Innovationsvorhabens ist die Ideengenerierung. Dies ist ein hochkreativer Prozess, der sehr vom jeweiligen Unternehmen und dessen Umfeld abhängt und soll hier nicht näher besprochen werden. Ziel eines Workshops mit Quadromo ist immer die erste Ausarbeitung einer oder mehrerer Ideen mit Blick auf deren Realisierbarkeit. Ein entsprechender Workshop ist also dann sinnvoll, wenn bereits Ideen existieren, welche näher analysiert oder verglichen werden sollen. Es geht folglich um die Konkretisierung bzw. erste Konzeptentwicklung.

Es ist wichtig, diese Phase konzeptionell von der Ideengenerierung zu trennen. Werden Ideenfindung und Ausarbeitung in einem Schritt unternommen, verlieren sich Teilnehmer häufig in Detaildiskussion über die Umsetzbarkeit einer Idee bzw. über Risiken und wie diesen begegnet werden könnte. Es empfiehlt sich ein schrittweises Vorgehen.

Führen Sie zunächst Innovationsworkshops zu verschiedenen Themenfeldern durch, beispielsweise zu aktuellen Trends oder Technologien oder zu konkreten Problemen, die von Kunden immer wieder genannt werden. Die dort erarbeiteten Ideen lassen Sie dann in einem Quadromo-Workshop detaillierter untersuchen

© Springer-Verlag Berlin Heidelberg 2015   109
J. Becker et al., *Service Design,* DOI 10.1007/978-3-662-46581-3_5

und bewerten. Dies hat nicht nur den Vorteil, dass die Ziele der Workshops klarer definiert sind, sondern es ermöglicht Ihnen auch, die Zusammensetzung der Workshop-Gruppen besser zu steuern und an die Gegebenheiten der jeweiligen Zielsetzung auszurichten.

5.2 Starten Sie ergebnisoffen aber mit dem Ziel im Blick

Eine klare Zieldefinition zu Beginn der Modellierung ist essenziell. Ein wesentliches Ziel sollte immer die realistische Ressourcen- und Nutzenabschätzung für eine neue Dienstleistung darstellen. Dabei sollten sowohl die Workshop-Teilnehmer als auch der Workshop-Leiter bzw. -Moderator immer ergebnisoffen in die Veranstaltung gehen. Lohnt sich die Einführung einer neuen Dienstleistung auf Dauer objektiv nicht, hilft es auch nicht, sich das Ganze „schönzurechnen". Schließlich versuchen Sie im Regelfall mehrere Dienstleistungsideen kurz zu skizzieren und deren langfristigen Einfluss auf den Unternehmenserfolg zu überprüfen.

Viel zu häufig werden ähnliche Workshops mit einer falschen Motivation durchgeführt. Beispiel: „Wir müssen unseren Chef überzeugen, dass wir auch einen Onlineshop brauchen." Hier ist das Ergebnis bereits vor der Durchführung des Workshops definiert. Die Teilnehmer gehen mit einer gewissen Erwartungshaltung und Einstellung in den Workshop, welche sich immer auch auf die Arbeitsweise auswirkt. In diesem konkreten Fall werden Aufwandsschätzungen vermutlich unrealistisch niedrig ausfallen, während Einnahmepotenziale überschätzt werden.

Auch wenn eine derartige Motivation meist nicht offen kommuniziert wird, so ist Sie doch häufig implizit gegeben. Dies ist insbesondere der Fall, wenn der Workshop von einer Person durchgeführt bzw. moderiert wird, deren Einschätzung der Innovationsidee im Vorhinein bekannt ist bzw. im Laufe des Workshops deutlich wird. Achten Sie daher immer darauf, dass der Moderator eine neutrale Instanz ist. Dies kann entweder durch die Wahl eines Moderators aus dem Unternehmen geschehen, der keinen konkreten Bezug zum neuen Service hat, oder durch den Einbezug Externer. Darüber hinaus sollte das Workshop-Ziel neutral und ergebnisoffen formuliert werden: So ist z. B. die Fragestellung „Kann sich die Einführung eines Onlineshops für unser Unternehmen perspektivisch lohnen?" deutlich offener als die oben genannte. Werden Ziele auf diese Weise definiert, sind Workshops meist erheblich objektiver und bringen somit auch realistischere Abschätzungen hinsichtlich der Kosten und Nutzen der neuen Dienstleistung.

5.3   Seien Sie ko-kreativ und binden Sie Ihre Kunden ein

Die Quadromo-Methode ist nicht zur Anwendung im stillen Kämmerlein gedacht. Im Gegenteil, sie entwickelt dann ihr besonderes Potenzial, wenn Sie sie in kollaborativen Innovationsprojekten als Katalysator für Ihre Ideen, die Ihrer Kollegen und die Ihrer Kunden einsetzen. Sie können gemeinsame Workshops organisieren oder nutzen die heute vielfältig verfügbaren Unterstützungsmöglichkeiten für die internetbasierte Zusammenarbeit. Die Bedeutung der Einbindung verschiedener Personen ergibt sich unter anderem aus der Heterogenität von Dienstleistungen. Personal und Kunden können von Mal zu Mal der Dienstleistungserbringung variieren. Die Ideen und Erfahrungen eines jeden Einzelnen können einen Beitrag zur Dienstleistungsinnovation leisten. Schaffen Sie ein Umfeld, in dem jeder Interessierte seiner Kreativität freien Lauf lassen und in den Austausch mit anderen treten kann.

Dienstleistungen sind Prozesse, in denen Interaktionen zwischen Dienstleister und Kunde zur Regel gehören, in denen aber auch sogenannte Backoffice-Aktivitäten für den Kunden unmerklich im Hintergrund ablaufen. Stellen Sie sich bei der Entwicklung neuer dienstleistungsbasierter Geschäftsmodelle einerseits die Frage, welche Aktivitäten Sie dem Kunden abnehmen können, um ihn zu entlasten. Möglicherweise können aber auch Sie Aktivitäten auf den Kunden verlagern. Die Gestaltung der Berührungspunkte zwischen Dienstleister und Kunde im Rahmen des gesamten Dienstleistungsprozesses ist von besonderer Wichtigkeit. An diesen Punkten entscheidet sich in der Regel, ob sich der Kunde verstanden fühlt, ob Sie die für ihn passenden Lösungen bieten und ob Sie schließlich bei ihm auch das Interesse für die Inanspruchnahme weiterer Dienstleistungen wecken. Außerdem wirken die zeitlichen Aspekte eines Dienstleistungsprozesses stark auf das Kundenerlebnis. Möglicherweise werden Kunden ungeduldig, falls ein Prozess zu lange dauert; möglicherweise fühlen sie sich aber auch gehetzt oder genervt, wenn viele Interaktionen mit dem Dienstleister in kurzen Abständen aufeinanderfolgen.

Um die Kundenwünsche explizit zu berücksichtigen, ist die Einbindung der Kunden in den Innovationsprozess zentral. Niemand kennt die Bedürfnisse Ihrer Kunden besser als diese selbst. Trotzdem werden Kunden in vielen Dienstleistungsunternehmen nur oberflächlich oder gar nicht in den Entwicklungsprozess neuer Dienstleistungen eingebunden. Zwar haben viele Firmen strukturierte Prozesse zur Erfassung von Kundenwünschen und -problemen mit Bezug zu aktuellen Services, die erfassten Daten werden jedoch oft nur unzureichend in den Innovationsprozess eingebunden.

Dabei geht es nicht nur um die oben angesprochene Phase der Ideenfindung sondern insbesondere um die detailliertere Konzeption der neuen Dienstleistung.

Bei der Ideenfindung werden Kunden meist noch eingebunden. Dieser Einbezug endet jedoch häufig schnell wenn es an die eigentliche Ausgestaltung und Einführung der neuen Dienstleistung geht. Aus Angst vor Wissensverlust an Konkurrenten schotten sich Unternehmen in dieser Phase häufig komplett ab und präsentieren dann eine Zeit später die fertige Dienstleistung am Markt. Diese trifft dann zwar die grundsätzlichen Wünsche der Kunden, ist in der konkreten Ausgestaltung jedoch meist weit entfernt vom eigentlichen Bedarf. Viele Innovationsprojekte scheitern genau an dieser Stelle.

Angenommen, Sie haben den Kundenbedarf für einen Onlineshop identifiziert. Wenn Sie an dieser Stelle aufhören, die Kunden in die nähere Konzeption einzubinden, kann dies unter Umständen zu fehlender Akzeptanz und zum Misserfolg des kompletten Projektes führen. Onlineshop ist nicht gleich Onlineshop. Je nach Kundengruppe (z. B. B2B oder B2C) und Art der verkauften Produkte und begleitender Dienstleistungen muss sich die konkrete Ausgestaltung unterscheiden. Von Bezahlarten über Versandoptionen bis hin zu banalen Aspekten wie dem Design der Seite müssen viele Aspekte berücksichtigt werden, die in den meisten Fällen auch direkten Einfluss auf die benötigten Ressourcen und damit verbundenen Kosten haben. Eine fehlende Einbindung der Kunden in den Konzeptionsprozess kann zu umfangreichen Nachbesserungen führen und das initial veranschlagte Budget der Einführung sprengen.

5.4 Fokussieren Sie den Kernprozess, aber erfassen Sie alles

Die vier Bereiche der Quadromo-Methode helfen Ihnen, alle wesentlichen Aspekte eines dienstleistungsbasierten Geschäftsmodells im Blick zu behalten und auch Abhängigkeiten zwischen diesen Bereichen zu identifizieren. Dabei fokussiert die Methode den Kernprozess der neuen Dienstleistung. Der neue Service steht also im Kern der Betrachtung. Dies hat den Vorteil, dass Workshop Teilnehmer motiviert bleiben, da gemeinsam etwas Neues erarbeitet wird. Die schrittweise Vorgehensweise bei der Prozesserstellung ist intuitiv und für jeden verständlich. Die Workshop-Teilnehmer können sich immer wieder die Frage stellen „Was passiert als nächstes bei der Erbringung der Dienstleistung?" und bleiben so fokussiert auf das Wesentliche.

Achten Sie jedoch darauf, dass Sie auch notwendige Ressourcen erfassen, welche nicht direkt mit dem Erbringungsprozess zusammenhängen. Konkret sind dies die zeitabhängigen variablen Kosten sowie die einmaligen Fixkosten. Häufig wird hier der Fehler begangen, zu optimistisch auf bestehende Ressourcen zu blicken.

„Die Supportprozesse laufen ja bereits, da brauchen wir nichts" führt oft zu unrealistischen Erwartungen an die Mitarbeiter in diesen Prozessen sowie zu unrealistischen Schätzungen der Rentabilität, welche später korrigiert werden müssen. Achten Sie andererseits auch darauf, nur die zusätzlich erforderlichen Ressourcen für die Supportprozesse anzugeben. Annahmen wie „Im Vertrieb arbeiten fünf Personen mit einem Jahressatz von je 50.000 €" führen dazu, dass neue Dienstleistungen fast immer als nicht rentabel eingeschätzt werden.

Service- wie auch Produktinnovationen benötigen Investitionen. Insbesondere hohe Anfangsinvestitionen schrecken dabei viele Unternehmer ab. „Wer kein Risiko eingeht macht auch nichts falsch" lautet manchmal das Credo. Scheitern Innovationsvorhaben, wird dies meist als Fehler ausgelegt und hat einen direkten negativen Einfluss auf die Karriere der beteiligten Mitarbeiter. Studien zeigen in diesem Zusammenhang, dass Manager eine höhere Sensitivität gegenüber möglichen Risiken haben als gegenüber potenziellen Chancen.[1] Rechnen Sie daher bei der Ressourcenzuordnung und Finanzabschätzung nicht zu kurzfristig. Probieren Sie verschiedene Planungshorizonte aus und vergleichen Sie die Ergebnisse. Innovation ist zentral für die Existenzsicherung – auch im Dienstleistungssektor. Für die Analyse neuer Innovationsideen ist also eine gewisse Innovationsbereitschaft wünschenswert. Wird dabei der Planungshorizont zu klein gewählt, können Innovationsprojekte mit möglichem längerfristigem Potenzial ignoriert werden.

5.5 Folgen Sie der generellen Arbeitsrichtung aber erlauben Sie auch Gedankensprünge

Prozess-, Ressourcen- und Finanzsicht sind eng miteinander verbunden und lassen sich in Workshops häufig nur schwer konzeptionell trennen. Insbesondere bei der Ressourcenzuordnung kommen Teilnehmern oft direkt konkrete Zahlen in den Sinn. „Dafür brauchen wir eine komplette Stelle, also ca. 50.000 Euro im Jahr" sind Sätze, die im Rahmen von Workshops immer wieder fallen. Ressourcen und Kosten werden oft gleichzeitig betrachtet.

Die Quadromo-Methode sieht generell eine schrittweise Bearbeitung vor. Jede Sicht wird nacheinander betrachtet. Dies hat den grundsätzlichen Vorteil, dass Workshop Teilnehmer nicht gedanklich abdriften, sondern fokussiert die Leitfragen der jeweiligen Perspektive bearbeiten. Wie auch bei den Nutzenversprechen sind Feedbackschleifen und „kreative" Bearbeitungsrichtungen jedoch zu einem gewissen Grad auch in den anderen Perspektiven durchaus erwünscht. Fällt einem

---

[1] Jackson und Dutton (1988).

Workshop-Teilnehmer beispielsweise direkt ein Kostensatz für eine gerade ange-
legte Ressource ein, ist es sinnvoll, diese Information direkt aufzunehmen. Um-
fangreiche Diskussionen über diesen Kostensatz sollten jedoch vermieden werden
bzw. auf die Bearbeitungsphase der Finanzsicht verschoben werden. Fazit: Sind
sich die Teilnehmer direkt einig über eine Ressourcen- oder Wertezuordnung, so
sollten diese direkt (d. h. unabhängig von der derzeitigen Bearbeitungsphase des
Frameworks) aufgenommen werden. Unsere Workshops haben gezeigt, dass dieses
Vorgehen sowohl unter Effizienz- als auch Effektivitätsgesichtspunkten vorteilhaft
ist. Dabei ist es die Aufgabe des Moderators, ein gesundes Gleichgewicht zwischen
der vorgesehenen Arbeitsrichtung und den entsprechenden „Gedankensprüngen"
zu finden. Beispielsweise bietet es sich an, die Nutzenpotenziale während der Prozessmodellierung zu überprüfen. Dienstleistungen können ohne die Einbindung
des Kunden als externen Faktor nicht erbracht werden. Die Kundenzufriedenheit
ist ein vorrangiges Ziel eines jeden Dienstleisters, um sicherzustellen, dass ein
Kunde auch in Zukunft wieder Dienstleistungen in Anspruch nimmt. Um wahrlich
innovative Dienstleistungen zu gestalten, ist es daher auch notwendig zu verstehen, was die Bedürfnisse der Kunden sind, welche Aufgaben sie zu bewältigen
haben und in welchem Kontext diese sich befinden.

Die Quadromo-Methode sieht vor, dass Sie sich zunächst den Kundennutzen
der neuen Dienstleistung, sowie den Nutzen für Ihr Unternehmen überlegen. Dies
hat den Vorteil, dass Sie sich während der konkreten Ausgestaltung immer wieder
die verschiedenen Nutzen vor Augen führen und so in der Designphase fokussiert bleiben. Trotzdem ist es sinnvoll, die Nutzenversprechen auch während der
Prozessgestaltung zu überprüfen und ggf. zu ergänzen. Oft kommen den Workshop-Teilnehmern gerade während der Prozessmodellierung sinnvolle Ideen, die
zusätzlichen Nutzen mit sich bringen.

Zusätzlich bietet es sich an, die Nutzenversprechen nach der Modellierung des
Dienstleistungserbringungsprozesses entsprechenden Prozessschritten zuzuordnen. Dies ist insbesondere sinnvoll, da die genaue Ausgestaltung des Prozesses am
Anfang der Modellierung nicht bekannt ist, sondern erst im Laufe des Workshops
entsteht. Durch die genauere Zuordnung der Nutzen zu Prozessbereichen oder
-schritten wird eine übersichtliche Darstellung erreicht. Man erkennt auf Anhieb,
welche Teile der neuen Dienstleistung für welche Nutzenversprechen auf Unter-
nehmens- und Kundenseite verantwortlich sind.

Zu guter Letzt: Die Arbeitsrichtung in Quadromo ist grundsätzlich von rechts
nach links. In der Praxis hat es sich in einzelnen Fällen als sinnvoll erwiesen,
mit dem Prozessbereich anzufangen (siehe Anwendungsbeispiel LOGICAL in
Kap. 4.3). Dies kann insbesondere dann „Schwung" in den Modellierungsprozess
bringen, wenn die Workshop-Teilnehmer bereits mit dem Prozess vertraut sind. Oft

ist die Vorgehensdiskussion vertrauter als die Wertediskussion. Greifen Sie diesen Impuls als Moderator auf. Achten Sie auf ein weiteres strukturiertes Vorgehen. An einer „nachträglichen" Ergänzung der Nutzen-Perspektive und der anschließenden kritischen Hinterfragung des bekannten Prozesses ist nichts auszusetzen.

5.6   Nutzen Sie den Gestaltungsrahmen als „Spielwiese"

Wenn Sie den Kernprozess im Workshop erarbeiten, werden Sie feststellen, dass es an vielen Stellen verschiedene Lösungen geben kann. Eine neue Dienstleistungsidee kann auf unterschiedliche Arten ausgestaltet werden, was immer auch Konsequenzen für die benötigten Ressourcen und die potenziellen Umsätze hat. Beispielsweise kann es zusätzliche „Nebendienstleistungen" geben, welche im Rahmen des neuen Service angeboten werden können, oder die Dienstleistung kann über verschiedene Kanäle vertrieben werden. Wird den Kunden beispielsweise eine Online-Konfiguration angeboten, muss dieses System programmiert und ausgerollt werden, was zusätzliche Kosten verursacht.

Die Quadromo-Methode bietet Ihnen hier sehr viele Freiräume. Werden Sie also kreativ. Wenn es verschiedene Optionen gibt, modellieren Sie denkbare Versionen des Prozesses und vergleichen Sie diese untereinander. Dabei ist es denkbar, dass Sie verschiedene Varianten miteinander „verrechnen". Dies kann insbesondere dann sinnvoll sein, wenn Sie verschiedene Varianten des Services auch dem Kunden anbieten wollen. Nehmen Sie dazu die einmaligen Initialisierungsausgaben und Kosten für die Supportprozesse aller Varianten und verrechnen Sie diese mit den potenziellen Einnahmen der verschiedenen Prozessvarianten. So können Sie feststellen, wie sich der gleichzeitige Verkauf verschiedener Dienstleistungsvarianten insgesamt auswirkt.

In den vorgestellten Beispielen wurden optionale Prozessschritte aufgeführt oder Prozessschritte gleichzeitig von Kunden und Unternehmen bearbeitet. Seien Sie auch hier flexibel, um den vollen Nutzen der Quadromo-Methode zu heben.

5.7   Betrachten Sie Service Design als regelmäßige Aufgabe

Innovation muss als permanenter Prozess aufgefasst werden. Sowohl die Generierung neuer Ideen für Services als auch deren erste Analyse hinsichtlich Machbarkeit und wirtschaftlichem Potenzial stellen wichtige Schritte in diesem Prozess dar. Es bietet sich an, die Verantwortlichkeit für Dienstleistungsinnovationen klar erkennbar in die Aufbauorganisation des Unternehmens zu integrieren. Vergeben

Sie Ressourcen explizit für den Zweck des Service Design. Je nach Größe Ihres Unternehmens kann dies die Schaffung einer (Teil-)Stelle für die Serviceinnovation oder auch der Aufbau eines eigenen Innovationsressorts sein.

Die explizite Bereitstellung von Ressourcen für diesen Zweck führt zu einer wahrgenommenen Trennung vom Tagesgeschäft in den Köpfen der Mitarbeiter, was mehrere Vorteile für den Innovationsprozess hat. Zum einen generiert es Sichtbarkeit für den Innovationsprozess im Unternehmen. Viele Manager sprechen zwar fortlaufend von Innovationen, unternehmen jedoch keine expliziten Schritte, um diese zu fördern. Wird das Service Design durch die Schaffung expliziter Stellen unterstützt, sind Mitarbeiter eher bereit, dafür auch zusätzliche Arbeitszeit aufzuwenden. Es ist daher wichtig, Ihren Mitarbeitern zu zeigen, dass Sie Dienstleistungsinnovation auch perspektivisch als wichtige Aufgabe verstehen, und dass Sie bereit sind, entsprechende Ressourcen explizit dem Innovationsprozess zu verschreiben.

Literatur

Jackson, S. E., & Dutton, J. E. (1988). Discerning threats and opportunities. *Administrative Science Quarterly, 33*(3), 370–387.

If you have any concerns about our products,
you can contact us on
ProductSafety@springernature.com

In case Publisher is established outside the EU,
the EU authorized representative is:
**Springer Nature Customer Service Center GmbH
Europaplatz 3, 69115 Heidelberg, Germany**

Printed by Libri Plureos GmbH
in Hamburg, Germany